河南省科技厅软科学研究项目"数字经济时代算法自动化决策中多元风险的法律治理研究"（项目编号：232400411152）成果

数字经济时代算法自动化决策中多元风险的法律治理研究

赵玉玲　著

WUHAN UNIVERSITY PRESS
武汉大学出版社

图书在版编目(CIP)数据

数字经济时代算法自动化决策中多元风险的法律治理研究 / 赵玉玲著 . -- 武汉：武汉大学出版社，2025.2(2025.7 重印). -- ISBN 978-7-307-24877-9

Ⅰ . D922.290.4

中国国家版本馆 CIP 数据核字第 2025DV8037 号

责任编辑:沈继侠　　　责任校对:鄢春梅　　　版式设计:马　佳

出版发行:**武汉大学出版社**　　(430072　武昌　珞珈山)

(电子邮箱: cbs22@ whu.edu.cn　网址: www.wdp.com.cn)

印刷:湖北云景数字印刷有限公司

开本:720×1000　　1/16　　印张:12　　字数:180 千字　　插页:1

版次:2025 年 2 月第 1 版　　2025 年 7 月第 2 次印刷

ISBN 978-7-307-24877-9　　定价:58.00 元

前　言

算法在消费者行为、社交媒体、金融服务和电子商务等领域的广泛应用，虽带来便利，但可能会加剧社会的不平等并削弱人类的自主性。此外，技术创新与现行法律框架的张力应当受到立法者的重视，而建立新的监管机制以确保公平性、问责性和个人权利保护则是具体的问题解决路径。为了促进数字经济的可持续发展，有必要建构完善的法律框架以加强算法透明度、实施公平性检查以及明确算法结果的责任归属等，进而起到预防和化解算法风险的制度目的。在司法层面，法院在审理涉算法自动化决策案件时应当充分考量算法自动化决策技术对现有法律框架的冲击，并积极运用自由裁量权以实现当事人之间的利益平衡。

本书介绍并分析了数字经济背景下算法自动化决策的若干法律治理问题，即算法"黑箱"问题、算法偏见及其引发损害时法律责任认定的挑战。本书首先将从场景化视角入手，系统阐明并分析算法自动化决策在数字经济时代的各类具体应用场景中所暴露出的风险。这种场景化分析不仅有助于识别和理解算法在不同社会、经济和法律环境下的表现差异，还能揭示出其在不同情境中对个人权益、公共利益及法律规范可能造成的独特威胁。通过对这些具体场景的深入剖析，本书将厘清算法决策所引发的问题的复杂性和多样性，为后续的分析奠定基础。接下来，在明晰问题的基础上，本书将深入挖掘这些问题产生的渊源和症结。通过追溯算法技术的演进、分析当前法律体系的局限性以及研究社会对技术的接受度和依赖性，本书将揭示算法风险产生的根本原因。这一部分的分析将重点关注算法黑箱、法律责任的模糊化以及社会活动数字化带来的治理挑战，力求全面理解算法风险的成因和扩散机制。最后，本书将在前述分析的基础上，提出一套具有理论深度和实践可操作性的风险治理方案。具体而言，这套方案将包括以下几个关键要素：算法解释权，以增强算法决策过程的透明度和可理解性；校正与检验机制，以确保算法决策的准确性和公平性；客诉算法责任，赋予受害者追究算法应用者责任的权利；自动化决策拒绝权，以确保个人在面对算法决策时保有选择权和抗辩权。通过这些措施，本书旨在构建一个全面且多层次的法律框架，既能有效防范和应对算法自动化决策带来的风险，又能保障数字经济的可持续发展和社会公平。

目　　录

引　言

数字经济是当代全球经济发展的重要引擎，世界主要发达国家因此而纷纷采取措施促进数字经济的发展，进而推动了数字经济规模在全球范围内的持续扩张。[①] 一直以来，我国始终高度重视对数字经济的培育。[②] 在数字经济的发展过程中，算法自动化决策技术扮演着重要的推进作用。如果说蒸汽机是蒸汽时代的生产工具，内燃机是电气时代的生产工具，那么算法就是数字经济时代的生产工具。[③] 易言之，算法已经成为数字经济时代得以区别于电气时代的根本标志。相较于最传统的算法，算法自动化决策是人工智能在算法领域的具体体现，其可以实现决策的自动化。[④]

通过拓展人类社会的决策上限，算法自动化决策得以快速推动经济发展，进而其也在这一过程中深度嵌入了人们的经济生活和日常生活。人的精力是有限的，而人的决策数量也将是有限的，在科技水平尚无法强大到改变人的生理特征

[①]　参见张焱：《数字经济正成为全球经济复苏新动力》，载《中国经济时报》2017 年 3 月 31 日。

[②]　习近平总书记曾指出，"要推动数字经济和实体经济融合发展，把握数字化、网络化、智能化方向，推动制造业、服务业、农业等产业数字化，利用互联网新技术对传统产业进行全方位、全链条的改造，提高全要素生产率，发挥数字技术对经济发展的放大、叠加、倍增作用"。参见黄征学、潘彪：《抓好四个关键点促进产业数字化》，载新华网，http://www.news.cn/tech/20230831/8cc11e862eae469f91e6e09ea149b848/c.html，2023 年 9 月 10 日访问。

[③]　参见张凌寒著：《权力之治：人工智能时代的算法规制》，上海人民出版社 2022 年版，第 4 页。

[④]　参见《Cloudera 联合创始人：AI 还在决策自动化阶段》，载《第一财经日报》2017 年 11 月 14 日。

以提高人的决策能力时，算法自动化决策无疑从外部提高了人的决策上限。传统工业时代下，人们的消费观更倾向于买到能够满足基本生活需要的商品和服务，而随着工业化的不断推进，人们对于买到合适，特别是具有更好主观体验的商品和服务有着越来越强的需求。数字经济时代的一个重要特征正是消费的精细化，消费者对于消费体验的提高有着强大的追求动机。产品和服务提供者与消费者之间的信息不对称现象决定了要么后者对于自己的购买需要有着准确的认知，要么前者能够主动了解后者的消费习惯。可以说，在数字经济时代，消费对于生产的反作用要强过任何人类历史阶段。尽管从理性经济人的假设出发，消费者有充足的理由探索和挖掘自己的消费习惯，进而精细化自己的消费决策，但由于这一信息成本和收益并非显而易见，现实中的消费者罕有如此作为的动机和强大毅力。然而，算法自动化决策的出现使得产品和服务提供者只需要在消费者开放自己的网页浏览记录、历史购买记录和相关的生活信息数据的情况下就能够较为精准地掌握消费者的消费习惯和需求情况，进而向其精准投送相关商品和服务信息。理想状态下，算法自动化决策的介入既能够降低消费者的购物成本和决策错误率，也有利于供给端有的放矢，防止生产的产品不被消费者认可而面临挤压等问题，有效地降低了从商品到货币的惊险一跃。算法自动化决策在消费领域中的应用只是其在数字经济时代背景下的冰山一角。毫不夸张地说，算法自动化决策正在以前所未有的规模从艺术创作、医疗诊断、行政活动、司法活动、社交媒体等角度深度嵌入人类社会。

　　任何一项新技术的应用都不可避免地会因为自身的技术特征而引发一定的风险，这同样包括应用规模庞大的算法自动化决策技术。诚然，算法自动化决策在相当程度上降低了人们的决策成本，同时还提高了决策质量和数量上限，但在此背后，人们的决策主动权却悄然地由自身转交给了算法，而算法也渐渐成为人类社会的决策者。在算法自动化决策深度嵌入的领域，人们的诸多行为实际上是由算法进行支配的。例如，由算法主导的大学排名机制会导致大学决策者通过对算法自动化决策依据的分析而主动做出迎合算法的行动，进而希望能够获得更高的排名，而即将踏入大学校园的学生也将根据算法生成的排名结果来决定自己的最终去向。① 更为重要的是，算法自动化决策的依据是人们的历史数据，而不是未来的可能性，这就容易导致历史的不断重演和自我强化，与人们对美好未来的向往背道而驰。至少在大多数人看来，人类社会发展的趋势仍然是曲折前进的，而非原地转圈。如果任由算法自动化决策肆意介入人类社会的决策活动，那么社会发展很可能陷入停滞。再如，算法自动化决策驱动下的个性化推送服务在提高信息传播效率的同时，也增加了侵权发生的风险。② 作为一种技术工具，其使用结果的好坏显然不能归咎于技术本身，但其所造成的客观风险却亟待法律制度上的回应。

　　然而，能够实现自动化决策的算法模型在为 21 世纪经济发展赋能与注入强劲活力的同时，也带来了诸多风险以及相应的社会隐忧。越发复杂的算法犹如一个个黑箱，其不透明性使得常人难以理解其决策逻辑。诚然，在社会生产高度分工化的今天，不能期待一个普通人能够理解一种计算机领域的事物，而人们也不必将自己有效的时间资源花费在探究算法的决策逻辑上，但当人们的权益受到算法自动化决策的切实侵害时，上述结论的假设就都将不复存在。易言之，人们有充足的理由要求在自身权益受到算法侵害时，能够通过自身的力量抑或借助其他力量获悉算法自动化决策的依据。人们的这项权利不仅是捍卫自身合法权益不受算法自动化决策侵害的重要防线，同时也是改进算法的关键契机。在当前背景下，算法的自我升级往往是通过对历史数据的不断学习和训练而实现的，但值得注意的是，训练数据代表着历史而重演历史并不会跨向未来。因而，缺乏公民监督的不透明算法自动化决策受制于历史数据，只能导致其所支配的人类社会陷入一种极为恐怖的确定状态，致使人类社会丧失活力和创造力，而数千年来由人类

---

① ［美］凯西·奥尼尔著：《算法霸权》，马青玲译，中信出版社 2018 年版，第 50 ~ 51页。

② 在杭州中院判决字节跳动公司等诉腾讯公司等侵害作品信息网络传播权案中，法院认定算法推送技术会对涉案侵权短视频的大量传播发挥明显的助推作用。参见《算法推荐治理与平台侵权责任的认定——杭州中院判决字节跳动公司等诉腾讯公司等侵害作品信息网络传播权案》，载人民法院网，https：//www.chinacourt.org/article/detail/2023/04/id/7265759.shtml，2023 年 5 月 17 日访问。

主导的文明发展进程将转而由算法支配。

　　事实上，在大多数情况下，由于算法的不透明性，普通人甚至难以察觉自身权益是否受到了算法的侵害。算法自动化决策通常以其高效、客观的外观呈现给用户，使得决策过程中的偏见和缺陷被掩藏在复杂的技术流程和数据处理之下。这种"技术中立"或"客观"的外衣，往往让人们误以为算法决策是完全公正且无偏的。然而，算法在设计和运行中不可避免地带有开发者的主观倾向、数据的历史偏见或是系统的固有缺陷。由于这些内在的问题被深埋在不透明的算法黑箱中，普通人难以识别和理解算法决策中的潜在偏见或错误。这种不透明性不仅削弱了个体对算法决策的监督能力，也使得算法的偏见和缺陷在不为人知的情况下不断积累和放大，从而对社会公平和个人权益构成隐性且深远的威胁。此外，算法自动化决策往往以"绝对的形式正义"来掩饰自身的问题，使得个体在面对算法决策时缺乏质疑的动力或能力。形式上的"正义"表现为算法决策的规范化和标准化，给人一种可靠和公正的假象，但实质上，这种决策可能忽视了具体情境的复杂性和个体差异性。算法通过严格遵循规则和模型进行决策，但这些规则和模型本身可能并不适用于所有情境或所有个体，反而可能导致机械化和非人性化的结果。正是由于算法决策以"形式正义"遮蔽了其内在偏见和缺陷，普通人往往无法觉察其背后潜藏的危害，更难以在受到不公正对待时及时寻求救济或提出抗辩。因此，算法的不透明性与形式正义的掩饰性共同作用，使得算法自动化决策的偏见和缺陷更难以被公众识别和纠正。这不仅对个人权益造成潜在的侵害，也对社会整体的公平性和正义性提出了严峻挑战。为了解决这一问题，亟须在算法设计和实施过程中加强透明度，并赋予公众更多的监督权和参与权，确保算法决策在实践中真正实现公平与正义。

　　算法自动化决策的标签化和分类化特点，加剧了不同人群之间的隔阂，并强化了群属内部的认同感。这种分类化过程基于算法对大量数据的分析和处理，通过将个体归类到特定群体中，形成特定标签，从而影响决策过程和结果。尽管这种分类化有助于算法提高效率和精准度，但其潜在的风险和不利影响不容忽视。第一，算法的分类化和标签化特点可能会加剧社会中的不平等现象。算法根据历史数据和特定变量对人群进行分类，很可能导致对某些群体的固有偏见和歧视的延续和放大。例如，在信贷评估或招聘过程中，算法可能会根据种族、性别、收入水平等标签作出分类决策，导致某些群体被系统性排除或遭到不公平对待。这种算法强化的分类不仅会固化社会分层，还可能使得被标签化的群体陷入难以突破的负反馈循环。第二，算法通过分类化不断强化不同人群之间的隔阂，使得社会群体之间的互动和理解更加困难。分类化算法往往根据群体特征来提供个性化服务或推荐内容，结果是不同群体获取的信息和资源越来越趋向于封闭的"信息茧房"或"回音室"。这种现象会使群体间的共识难以达成，社会整体的多元性和包容性受到威胁，甚至可能引发社会分裂和对立。第三，算法的分类化特点还会强化群属内部的认同感，导致个体认同的单一化和极端化。群属内部的同质性和对外的排斥性被算法进一步加强，促使个体在特定群体内获得更强的认同感，但也限制了其与外界不同观点和文化的接触。这种现象可能导致群体极化，增加社会的分裂和对抗风险。

本书研究的重要意义在于，通过深入剖析算法自动化决策所引发的法律风险，特别是与其相关的责任认定、权利保护及规制机制，为当前和未来的法律实践提供系统的理论支撑和实务指导。在数字经济背景下，算法黑箱问题使得算法决策过程不透明，难以追溯和监督，从而侵蚀了传统法律框架下的权利保护机制。技术中立原则的泛滥，使得算法应用者在许多情况下得以逃避法律责任，导致受害者无法有效追责。这种法律责任的真空状态，不仅威胁到个人权益的保护，也削弱了法律的权威和社会的公平正义。此外，社会活动的数字化加剧了传统法律制度与新兴技术之间的张力，传统的法律规范难以应对复杂多变的算法决策场景。通过分析和应对这些风险，有望提出具有理论原创性和经验可操作性的法律规制方案。

本书首先将从场景化视角入手，系统阐明并分析算法自动化决策在数字经济时代的各类具体应用场景中所暴露出的风险。这种场景化分析不仅有助于识别和理解算法在不同社会、经济和法律环境下的表现差异，还能揭示出其在不同情境中对个人权益、公共利益及法律规范可能造成的独特威胁。通过对这些具体场景的深入剖析，本书将厘清算法决策所引发的问题的复杂性和多样性，为后续的分析奠定基础。接下来，在明晰问题的基础上，本书将深入挖掘这些问题产生的渊源和症结。通过追溯算法技术的演进、分析当前法律体系的局限性以及研究社会对技术的接受度和依赖性，本书将揭示算法风险产生的根本原因。这一部分的分析将重点关注算法黑箱、法律责任的模糊化以及社会活动数字化带来的治理挑战，力求全面理解算法风险的成因和扩散机制。最后，本书将在前述分析的基础上，提出一套具有理论深度和实践可操作性的风险治理方案。具体而言，这套方案将包括以下几个关键要素：算法解释权，以增强算法决策过程的透明度和可理解性；校正与检验机制，以确保算法决策的准确性和公平性；客诉算法责任，赋予受害者追究算法应用者责任的权利；自动化决策拒绝权，确保个人在面对算法决策时保有选择权和抗辩权。通过这些措施，本书旨在构建一个全面且多层次的法律框架，既能有效防范和应对算法自动化决策带来的风险，又能保障数字经济的可持续发展和社会公平。

第一章　数字经济下的算法自动化决策风险

在算法自动化决策已经被广泛应用于人们生活方方面面的今天，脱离具体的应用场景而空谈算法自动化决策风险已经不合时宜。从研究效率的角度出发，从算法自动化决策难以计数的应用场景中遴选出使用更为广泛和价值取向更为重要的应用场景进行单独的风险分析以及策略研究显然更有必要。一方面，算法自动化决策在不同应用场景下的风险大小不尽相同。尽管风险都应当被正视，但就当前社会生产力发展阶段而言，治理资源无论如何都不是用之不竭的。对于任何一种社会风险的治理研究都不能脱离治理资源有限性这一根本前提假设。正因如此，适当地取舍掉部分风险相对较小的应用场景具有一种功利主义的正当性。另一方面，受制于自身技术特点，算法自动化决策在各个应用场景中的普及程度不尽相同。对于决策考量因素较为单一、决策目标容易量化的场景，算法自动化决策的普及程度就相对较高，而对于决策考量因素层次多样、决策目标价值考量程度较高的场景，算法自动化决策则很难取代人脑决策，例如司法自由裁量活动。

第一节　数字经济与算法自动化决策

一、数字经济对于算法自动化决策的意义

数字经济主要包括数字的产业化和产业的数字化两方面内容。前者是指数字通信技术不断发展为新产业的过程；后者则是指利用数字技术对业务进行升级，

进而提升生产的数量以及效率的过程。① 就内涵而言，数字经济强调的主要是信息通信技术与产业的融合，或者说产业的数字化程度。产业的数字化程度越高，那么经济形态中的数字经济特征就越发明显。平台经济是数字经济下的一种新型生产组织形态，同时也是算法得以真正影响人们生活的关键因素。平台的出现是算法自动化决策得以大规模应用的前提，同时也是算法自动化决策风险的来源。深入分析数字经济环境下，平台对于算法自动化决策的重要影响是正确认识算法自动化决策风险的必由之路。

作为一种商业中介，平台能够借助互联网技术的放大效应以更高的效率连接用户与供应商，进而以完全不同于传统中介业态的面貌迅速崛起。一方面，通过互联网技术打破各种时空条件限制，平台在经营规模扩张上的边际成本较低，进而能够在规模上远超传统产业，具体表现在经营范围扩张与用户数量激增两个维度。另一方面，平台在事实层面扮演着生活服务提供的类公共物品角色，从而深深嵌入人们的日常生活中，而与之相伴的则是平台私人所有与其公共物品属性之间的冲突与矛盾。

首先，平台的经营范围要比传统中介更大。传统中介受制于信息传播成本，难以深入涉足交易额较小的商业活动，也很难挖掘人们的商业活动潜力。然而，随着互联网平台的迅速发展，交易额再小的商业活动只要规模够大，就完全值得被纳入中介服务的范畴。例如，传统的二手交易往往仅限于汽车、不动产等价值较大的物品，但互联网业态下，任何有价值的二手物品都能通过互联网平台参与全国范围内的交易活动。再如，自媒体借助互联网平台，能够捕捉到足够的流量以获得商业利润，进而充分释放了自媒体的商业潜能，同时也极大地提高了媒体在社会中所扮演的角色地位。不仅限于自媒体的崛起，平台还催生了"零工经济"，即通过自由职业网络平台获取工作机会，但用时短、灵

---

① 肖旭、戚聿东：《产业数字化转型的价值维度与理论逻辑》，载《改革》2019年第8期，第61~70页。

活性强的工作形式。① "零工经济"下，劳动者不必长期受雇于雇主，而在完成相应的订单任务时即可选择新的职业和工作内容。值得肯定的是，"零工经济"极大地增强了经济的灵活性，创造了大量的行业增长点，同时也赋予了劳动者更高的职业自由选择度。

其次，平台所面向的用户数量要远高于传统中介服务商。互联网以及配套的发达物流体系使得商业活动可以在很大程度上克服空间限制，进而实现全国范围内的自由交易。也正是基于此，平台可以在全国范围内挖掘用户，增加自己的用户数量，进而提高规模效益。海量的用户数是"零工经济"得以存在与发展的重要支撑。《中国共享经济发展报告(2021)》显示，2020年我国"零工经济"参与人数达8.3亿。海量的参与人数同时还将起到自我扩张的作用，即如同滚雪球一样继续吸纳新人进入"零工经济"的视野。② 据有关研究，自由职业者在整个就业和职业结构中的占比从2008年的0.1%猛增到了2019年的5.6%。③ 事实上，2008年到2019年也正是我国平台经济不断崛起的时间段，这充分表明了平台在挖掘用户潜力上的突出能力。

再次，平台在"零工经济"发展中所扮演的重要角色充分说明了其在数字经济时代重塑人与人之间信任的强大能力。工业社会不断发展的进程也是熟人社会不断崩塌的过程，人与人之间的亲密联系也在逐渐淡薄。然而，人类之间的合作往往需要建立在信任的基础上，而信任的有无则取决于人际关系的强弱。陌生人社会在工业化进程中确实起到了促进经济发展的作用，有利于人与人之间的界限划分，但熟人社会下的亲密合作却因此而损失惨重。因此，如何在陌生人社会下重建人与人之间的信任，进而释放人们的合作潜力是数字经济时代下的重要命

---

① 根据阿里研究院报告显示，中国在2036年将可能拥有4亿"零工经济"自由职业者。参见[美]黛安娜·马尔卡希著：《零工经济》，陈桂芳译，中信出版社2017年版，第3~25页。

② 李娜：《"零工经济"时代来临　"不务正业"也大有可为?》，载湖南民生网，https：//www.hnmsw.com/show_article_132786.html，2023年10月17日访问。

③ 参见李培林、崔岩：《我国2008—2019年间社会阶层结构的变化及其经济社会影响》，载《江苏社会科学》2020年第4期，第52页。

题，也是推动经济发展的重要着力点。平台培育下的"零工经济"正是对这一命题的回应。平台以其流量节点的地位以及充沛的资产能力为人与人之间的合作提供了新的信任桥梁。人们纵然可以不相信提供合作的另一方，但却可以信赖平台将为对方的失约行为买单。例如，通过顺风车平台，用户即使遭遇司机爽约，也可以通过平台获取补偿。不仅于此，通过数字技术，平台还能够量化人们的信用行为。例如，平台完全可以通过对既往数据的分析向用户展示司机的爽约记录与履约的可能性。当然，此举的作用并不仅限于作为用户决策的参考，还能够起到激励司机按时履约，避免留有不良行为记录的功用。

最后，平台在相当程度上扮演着公共物品的角色，其所提供的服务在便利人们生活的同时也渐渐为人们所难以舍弃，而平台的经营自由也将因此而受到一定程度上的限制。平台具有一定程度的非排他性和非竞争性，具有类公共物品属性。① 正是由于其所扮演的公共物品角色，平台作为人们生活领域服务的聚合提供者，已经深深嵌入了人们的日常生活，进而对于人们的生活行为有着强大的形塑能力。传统经济学理论认为，公共物品由于消费者的搭便车倾向而难以向消费者收费，故而无法由私人主体提供，即私人收益在边际上低于公共物品所带来的社会收益。萨缪尔森就曾直截了当地提出，公共物品不应收费。② 基于这种对公共物品的经济学理论分析，由政府来提供公共物品就成为了社会共识。然而，相较于私人，政府所提供公共物品的效率很低，故而由政府提供公共物品并不是公共物品理论的终点和最终答案。

基于上述特点，算法自动化决策的影响力也得以形成。第一，由于平台经营范围广，深入人们生活的方方面面，而平台经营赖以实现的算法自动化决策工具也借此嵌入了人们的日常生活。算法自动化决策介入人们生活的广度与深度使得算法自动化决策具备了极强的行为塑造能力。例如，算法自动化推荐的路线往往

---

① 张志昌、陈志：《从平台经济特性入手 促进产业规范健康持续发展》，载新华网，http：//www.xinhuanet.com/tech/20220803/6f2227008db245cabc927d0105d676f9/c.html，2023年5月19日访问。

② 参见袁庆明主编：《新制度经济学》，复旦大学出版社2019年版，第119页。

会成为出行者默认选择的路线，而其推荐的美食餐厅则更容易获得消费者的青睐。长此以往，人们的新生活习惯就会表现为在出行时主动选择算法推荐路线，而在就餐时则选择算法推荐的餐厅。与之相伴的是消费者自主决定权的渐渐淡化。基于对算法自动化决策更为理性的信赖，消费者主动选择放弃一定的自主决定权来迎合算法自动化决策的需要。第二，平台积累的海量用户使得算法自动化决策拥有广泛的被决策对象，同时也为算法自动化决策的机器学习提供了丰富的训练数据。用户数量巨大就使得上述第一点的影响会被进一步放大。第三，平台在扮演公共物品的同时也意味着其在特定情形下不能选择拒绝向用户提供服务，相应地，也不能期待用户主动拒绝平台提供的服务。然而，知情同意规则也恰恰因此而陷入了"不同意即无服务"的尴尬境地。用户即使认为算法自动化决策这一技术不够成熟，且可能或者已经对自身权益造成了侵害，也难以通过知情同意规则来实现权利救济。

二、生产工具：算法自动化决策在数字经济中所扮演的角色

数字经济之所以能够借助平台而迅速壮大，算法自动化决策技术的应用与不断完善是关键因素，甚至成了数字经济时代的"语言"。[①] 首先，算法自动化决策技术的应用能够提高传统生产要素的使用效率。在传统工业时代下，劳动、资本、技术、土地等传统要素的使用效率决定了整个经济社会的发展状况。通过算法自动化决策技术，企业和决策者可以更精准地利用传统要素和数据资源，实现生产过程的优化和精细化管理。举例来说，利用数据分析和算法模型，企业可以实现对劳动力的智能调配，根据市场需求和生产情况灵活安排人力资源，提高劳动生产率。同时，通过对资本的智能配置和土地资源的精准利用，企业可以降低生产成本，提高资源利用效率，从而实现经济效益的最大化。因此，算法自动化决策技术的应用不仅可以优化传统生产要素的使用效率，还可以提升整体生产力

---

① 参见张辛欣：《算法的力量有多大？——探寻数字经济的关键"密码"》，载新华网，http：//www.xinhuanet.com/politics/2018-08/23/c_1123314165.htm，2023 年 6 月 11 日访问。

水平，推动经济社会的可持续发展。

其次，算法自动化决策技术的应用使得数据成为了参与经济运行过程中的全新生产要素，拓宽了生产要素的外延。数据的加入不仅是简单地增加了一个新的要素，更是带来了巨大的变革。传统的要素生产率往往受限于信息的获取和处理能力，而数据的大规模应用使得信息变得更加容易获取和利用。通过数据驱动的决策，经济主体可以更加精确地了解市场需求、预测未来趋势，从而优化资源配置和生产组织，提高效率和创新能力。这种数据驱动的经济模式不仅仅影响到企业层面，也深刻影响着整个产业链和市场结构。随着数据规模的不断扩大和数据技术的不断进步，数据作为生产要素的影响将会进一步加深，成为推动经济发展的重要动力之一。

值得注意的是，数据价值的充分挖掘必须通过算法实现。第一，数据本身虽然包含了大量的信息，但是要从中提取出有用的、可操作的见解并不容易。这就需要借助算法来对数据进行分析、处理和解释。算法可以根据预先设定的规则或者通过机器学习从数据中发现模式、趋势和关联性，从而生成对决策有指导意义的结论。第二，算法的自动化特性使得数据处理的效率大大提高。传统的手动分析可能需要大量的时间和人力成本，而自动化算法可以在短时间内处理大规模的数据，并且能够持续不断地进行分析，及时更新结果。这种高效率的数据处理能力为企业和决策者提供了更快速、更准确的决策支持。第三，算法的应用还能够发现数据中隐藏的模式和趋势，甚至可以进行预测性分析。通过对历史数据的分析和模型训练，算法可以预测未来的趋势和变化，为决策者提供更具前瞻性的决策支持。这对于企业制定战略、优化运营、降低风险等方面具有重要意义。第四，机器学习技术的不断成熟使得算法自动化决策在数据挖掘上的作用被持续放大。通过对人体大脑内部神经的模拟学习，机器学习技术加持下的算法自动化决策得以像人类一样思考问题，进而从更深层次挖掘数据的价值。[1] 总而言之，算

---

① 参见吕建驰：《机器学习算法在数据挖掘中的应用》，载《电子世界》2019 年第 13 期，第 62~63 页。

法自动化决策在挖掘数据价值中的作用体现在其能够高效地分析和处理大规模的数据，发现数据中的规律和模式，并且提供对决策有指导意义的结论，从而帮助企业更好地利用数据资源，优化决策和业务流程，实现业务目标和增加竞争优势。

最后，算法自动化决策技术在催生新业态上的作用已经在实践中得到了充分彰显，而新业态的不断涌现正是数字经济的重要特征之一。一方面，互联网内容产业与算法自动化决策技术之间的融合升级催生了各种各样的新型互联网内容业。① 该新业态领域中诞生了抖音、今日头条等内容类平台，这些平台依靠算法技术实现了内容的个性化推荐、精准营销和用户增长。这不仅创造了大量的内容创作和运营岗位，还催生了一批新的职业类型，如内容策划师、数据分析师、推荐算法工程师等。另一方面，传统经济与算法自动化决策技术之间的融合升级则催生了诸多新经济模式。在这个领域，诞生了美团、滴滴等外卖和网约车平台，以及淘宝、京东、拼多多、抖音电商等电商平台。这些平台依靠算法技术实现了资源的高效配置和交易的便捷化，推动了产业链的优化和升级。与此同时，这些新业态为劳动力市场带来了更多的就业机会，涌现出了一大批从事配送、客服、销售等岗位的新型职业。

三、算法自动化决策对数字经济治理所带来的挑战

在数字经济迅猛发展的背景下，算法自动化决策不仅成为推动经济增长的重要工具，也对现有的经济治理结构带来了新的挑战与机遇。算法自动化决策的广泛应用，无论是在市场调节、资源分配，还是在风险管理等领域，都带来了前所未有的效率提升。然而，这一技术的深度嵌入也对传统的治理模式和法律框架形成了冲击。

首先，算法自动化决策的复杂性和速度给传统的监管手段带来了巨大的挑

---

① 《算法经济创新助力经济高质量发展》，载新华网，http：//www.news.cn/tech/20230223/148007df098f49ee83a038e0c5a8bc9e/c.html，2023 年 3 月 27 日访问。

战。传统的监管模式通常依赖于人力和固定规则来监控和调节市场活动，但算法决策的高度自动化和实时性，使得监管机构难以跟上其变化的速度。这种情况下，市场可能迅速失控，导致潜在的系统性风险难以被及时识别和管理。例如，金融市场中的高频交易算法，尽管能够提高交易效率，却也可能在短时间内引发剧烈的市场波动，甚至导致市场崩溃。现有的监管工具和机制往往难以有效应对这种高频次和高复杂度的决策过程，导致市场风险被放大。

其次，算法决策的透明度和可解释性问题对数字经济治理提出了新的难题。许多算法，尤其是涉及深度学习的模型，往往呈现出"黑箱"特性，决策过程不透明，难以追溯。这种不透明性不仅使算法的公平性和正当性受到质疑，还使受算法决策影响的个体和机构难以提出异议或寻求救济。在数字经济中，算法被广泛用于公共服务、金融决策和资源分配等领域，当决策结果出现偏差或错误时，缺乏透明性和可解释性的算法很难为其决策过程提供合理的解释，这直接挑战了现有的法律和监管体系的有效性。

此外，算法自动化决策的广泛应用还可能加剧社会不平等。算法通常基于历史数据进行学习和决策，但这些数据可能包含偏见或不完全的样本，从而导致算法决策过程中的系统性偏见。例如，基于算法的信用评分、招聘筛选等决策，可能因为对某些群体的历史数据存在偏见，导致这些群体在经济活动中遭遇不公平待遇。这不仅削弱了数字经济的包容性，还可能引发社会矛盾和冲突。

第二节 不同数字经济业态中的算法自动化决策风险

数字经济时代下的算法自动化决策风险并不仅限于传统意义上的人身损害风险，例如自动驾驶汽车和机器人所造成的损害。其在此之外的新型风险包括名誉损害风险、算法歧视风险、行为操纵风险、算法黑箱风险等。这些新型风险的显著特征是，算法自动化决策能够抹杀人们从事不同行为的可能性，使得人们越来越倾向于满足算法自动化决策的预期来开展活动，即使相应的活动会损害自身的真正利益。

一、互联网社交媒体中的算法自动化决策风险

数字经济时代下，社交媒体的外延得到了极大的拓展，从而不再局限于纸质报纸、杂志等印刷物，而人们的联系方式也不再仅限于线下见面与书信往来。与之相伴的是像 Facebook、Twitter 等互联网社交媒体平台的迅速崛起。然而，在互联网社交媒体平台为人与人之间的交往以及信息获取提供便利条件的同时，社交媒体平台中泛滥的假新闻引发了人们的普遍关注。有研究表明，互联网社交媒体平台中的假新闻数量并不如人们预期的庞大，例如，Facebook 上的假新闻比例仅占 1%。① 那么究竟是什么使数量并不多的假新闻给人们造成了假新闻十分泛滥的印象？深入分析不难发现，假新闻泛滥不一定意味着假新闻的数量庞大，而仅仅代表人们对假新闻的接触机会大大增加。

更进一步，算法自动化决策技术正是增加人们对假新闻接触机会的罪魁祸首。在流量经济特征越发明显的今天，从互联网社交媒体平台的商业利益出发，如何保持、扩大用户数量，以及增加用户活跃度才是平台所要面临的重要问题，至于保证推送信息的真实性显然较为次要。于是，能够高效率捕捉用户对于新闻的个性化需求的算法自动化决策技术就成了互联网社交媒体平台实现上述目标的最佳工具。然而，在提高用户数量与活跃度目标的加持下，算法自动化决策技术自然会更加重视用户对某一新闻的点击率和转发率，而非新闻本身的可信度。从表面上来看，这一算法自动化决策逻辑并不必然导致假新闻的传播范围和力度会明显高出其他新闻。但容易被忽视的是，假新闻往往更容易捕捉到人们的兴趣点，进而获得更高的点击量和转发量。这一现象的原因是多方面的。第一，人类天生对情绪化内容有更为强烈的反应，故假新闻的设计者出于自身利益考量会在设计时注重相关信息对人们强烈情绪反应的刺激效果。第二，假新闻常常针对持有某种观点或者偏见的特定群体，并能够强化他们已有的观点或偏见。无数心理

---

① 参见史安斌、王沛楠：《作为社会抗争的假新闻——美国大选假新闻现象的阐释路径与生成机制》，载《新闻记者》2017 年第 6 期，第 4~12 页。

学研究表明，当新闻内容与个人现有的信念体系相符时，人们更容易接受这些信息，即使它们是不真实的。第三，假新闻通常会对复杂的社会、政治问题提供简单的解释，而这种简化能够降低受众的智识门槛，使得人们更易于理解和传播，尤其是在信息过载的现代社会中。

　　除了为虚假新闻的传播推波助澜，应用算法自动化决策技术的互联网社交媒体平台还容易导致人的社交活力降低，进而消解社会凝聚力。首先，互联网社交媒体平台在很大程度上替代了人们传统的面对面交流，成为人们社交生活的重要组成部分。尽管这种线上交流方式为人们提供了跨时空的交流便利，但在某些极端情况下，一些人的社交活动几乎完全依赖于线上互动，导致真实世界中的人际关系和社交技能逐渐退化。此外，线上社交的负面影响还体现在虚假网恋、网络经济诈骗等现象上。这些社交网络诈骗不断侵蚀用户的信任和网络安全，给个人带来经济和情感的双重损失。更为严重的是，许多社交媒体平台采用基于算法的好友推荐系统，推动用户与性格相似的人建立联系。这种好友推荐系统虽然减少了社交摩擦和冲突，但也导致了社交圈子的同质化。用户逐渐失去了与不同背景和观点人士交流的机会，这种缺乏多样性的交流环境降低了人们的社交活力，并限制了新观点和新想法的交流与碰撞。从更广泛的社会层面来看，由算法驱动的社交活动同质化不仅减少了群体间的互动，还加剧了社会分裂。人们在自己的信息泡泡中越来越难以理解和接受与己不同的观点，这种趋势削弱了社会的整体凝聚力，降低了达成广泛社会共识的可能性。

二、互联网搜索引擎中的算法自动化决策风险

　　算法自动化决策在搜索引擎中的重要应用形式就是为用户在使用搜索引擎时，输入的搜索关键词提供搜索建议，具体表现为对用户输入的搜索关键词进行补足，即自动补足算法。值得肯定的是，自动补足算法的应用能够提高用户的搜索效率，减少其打字数量。[①] 然而，这一应用的最初动机很难不被解读为搜索引

---

① 参见张凌寒：《搜索引擎自动补足算法的损害及规制》，载《华东政法大学学报》2019年第6期，第31页。

擎通过提供搜索建议来捕捉用户的注意力，进而收割流量并变现为商业利益。从目前的实践情况来看，搜索引擎中的算法自动化决策引发的风险包括传播虚假信息、侵犯知识产权、窃取公民个人信息、侵蚀民众信息选择权以及诱导用户实施不法行为等。

首先，自动化决策算法缺乏信息真实性甄别机制，无法对不实信息进行提前过滤，容易向用户提供包含虚假信息的搜索建议。一方面，通过传播虚假信息，搜索引擎服务提供者很可能损害他人的名誉权。例如，金德管业集团有限公司就曾以百度搜索引擎所提供的搜索服务导致其名誉权受损为由而向法院提起诉讼。金德管业集团有限公司认为百度搜索引擎所提供的搜索联想词中暗示该公司存在欺诈等不良行为。[1] 再如，今日头条曾以百度公司利用垄断优势进行不正当竞争为由向北京市海淀区人民法院起诉百度公司。今日头条认为，百度搜索引擎在展示"今日头条官网"搜索结果时，使用红字标出警告："提醒：该页面因服务不稳定可能无法正常访问"，而这与事实情况不符。[2] 在该案中，今日头条与百度围绕百度是否主动干预了搜索结果争论不休。事实上，即使百度公司没有进行主动干预，该案也和金德管业名誉权侵权纠纷案一样，如同一面棱镜折射出算法自动化决策在搜索引擎中的应用风险。随着人类储存、交换和处理信息能力的大幅提升，人们对于这些技术成就的态度发生了巨大改变，即从最初的乐观转向了近年来对其所带来风险的厌恶。[3] 除了可能被作为不正当竞争手段打击竞争对手以外，算法自动化决策在搜索引擎中的应用风险还包括侵害个人信息风险。例如，用户在谷歌搜索引擎中输入意为"白痴"的"Idiot"时，搜索结果会出现美国总统特朗普的照片。尽管对于社会公众人物的评论——即使是负面评论——属于人们

---

[1] 参见尹磊：《竞争公司利用百度漏洞攻击对手　百度遭一元钱索赔》，载中国新闻网，http：//www.chinanews.com.cn/it/kong/news/2008/11-04/1436438.shtml，2023 年 3 月 21 日访问。

[2] 参见杨铭：《字节跳动诉百度案背后终极疑问：百度到底有无人为干预搜索结果?》，载界面新闻网，https：//www.jiemian.com/article/5350987.html，2023 年 4 月 10 日访问。

[3] Amy Kapezynski, *The Law of Informational Capitalism*, Yale Law Journal, Vol. 129, No. 5, 2020, p. 1462.

言论自由的范畴，但谷歌公司作为搜索引擎平台，有着强大的舆论影响力，故而应当在社会舆论场中恪守中立，避免对社会公众的不良引导。因此，算法自动化决策所导致的搜索引擎个人信息侵权风险不仅会损害公民个人的名誉权，还会对社会舆论造成不当影响。

其次，搜索引擎所应用的算法自动化决策在客观上增加了盗版作品、假冒商标广告的传播，进而为知识产权保护带来了新的挑战。盗版作品的提供者出于谋取不法利益的考虑，会将相应的盗版作品上传到搜索引擎平台，进而扩大资源的传播范围。在这一过程中，算法自动化决策会起到放大人们对盗版作品需求的作用。当人们在搜索引擎平台输入正版作品名称的时候，算法自动化决策根据数据训练的结果会得出用户想要检索盗版作品的结论，进而自动补充有助于发现盗版作品搜索结果的搜索关键词，或者提供相应的搜索建议。问题的关键在于，人们对于盗版作品的需求以及检索记录构成了算法自动化决策机器学习的训练数据，进而误导了算法自动化决策的结果。事实上，算法自动化决策机器学习技术只是对过去数据的分析，而其所得出的结论也必然是尽可能地对过去的还原。与之相背离的是，社会的进步往往需要通过对过去行为惯性的破除得以实现。例如，保护知识产权被视为推动创新的重要举措，而这必然意味着对于人们过去不重视知识产权保护以及知识产权侵权行为的否定。然而，由于人们对未来的想象不可能构成算法机器学习的训练数据，故算法自动化决策只能在历史的惯性下强化人们的历史行为，而非引导人们走向未来。与盗版作品的情形不同，算法自动化决策所引发的搜索引擎领域中的商标侵权风险是不良经营者企图谋取不法利益的结果，不仅涉及知识产权侵权，还会侵害消费者权益。

再次，自动补足算法通过提供联想词和搜索建议等方式能够在客观上起到捕捉用户注意力的作用，进而控制用户的信息搜索行为。如上文所言，作为数字经济时代的主角，平台在相当程度上发挥着公共物品的作用，具有很强的公共性，而搜索引擎平台则扮演着信息传播枢纽的角色。尽管在数字经济时代下，人们的信息搜索成本得到大幅度降低，但低成本的信息获取渠道在挤压传统信息获取途径生存空间的同时也为搜索引擎平台所垄断。因此，即使人们认识到搜索引擎平台所应用的算法自动化决策技术存在较大风险，也难以选择拒绝接受其提供的服务。此外，互联网时代也是信息量爆炸的时代，人们的生活被海量的信息所包围，而通过搜索引擎获取信息几乎是唯一可行的选择。这恰好在事实层面赋予了平台对公众信息获取权的干预和控制权力。① 尽管搜索引擎平台操纵用户的信息搜索行为可能只是为了获取更多的商业利益，但却极有可能产生严重的社会不良影响。搜索引擎平台面向的用户量巨大，而其操纵行为的影响也将因此而被放大，甚至波及全社会范围。同时，大众通过搜索引擎获取的信息多样性被削弱还会导致社会难以凝聚共识，进而加剧社会割裂现象。

最后，搜索引擎所应用的算法自动化决策还会诱使用户实施不法行为。之所以会出现这样的风险，是因为搜索引擎所广泛使用的算法自动化决策技术倾向于向用户推荐其认为更引人点击的内容，即使相应的信息内容并不安全，或者涉嫌违法。此外，不法分子可以通过搜索引擎优化技术(SEO)来操纵搜索结果，进而扩大违法或有害信息的传播范围。从这一角度来看，算法自动化决策技术确实有技术中立的属性，但也正因如此，其很容易被不法分子利用为传播不法信息的工具。应当承认的是，由互联网巨头所搭建的搜索引擎平台对于人们的行为具有很大的影响，特别是对于缺乏数字素养的社会弱势群体而言。社会弱势群体更容易信任搜索引擎的检索结果以及检索建议，进而指导自身的行为。然而，这种诱使人们实施不法行为的算法自动化决策风险会大大加强社会弱势群体的违法倾向，进而表现为"惩罚弱势群体"的算法霸权效应。

三、聚合短视频平台中的算法自动化决策风险

随着网络通信技术的不断发展，特别是4G、5G 技术的推出，移动设备的上网速度得到了大幅提升，这为短视频的上传与传播提供了便利条件。短视频平台则迅速捕捉到全民创作时代的商业机遇，并促成了全民创作时代的来临。此外，

---

① 搜索引擎平台公司完全有能力有意识地通过操纵搜索建议和搜索结果来凸显或者遮蔽一些消息。参见赵鹏：《搜索引擎对信息传播的影响及其法律规制》，载《比较法研究》2018年第 4 期，第 191 页。

互联网时代下快节奏的现代生活,以及人们对于碎片化、即时性信息的消费需求也为短视频平台的成长和崛起提供了强大驱动力。为了提高信息管理能力与服务质量,短视频平台也充分挖掘了算法自动化决策技术在该领域的潜力。平台会应用算法自动化决策技术抽取视频的关键帧,分析视频标题、话题和热点词等信息来对上传的短视频进行内容识别和标签化。此外,短视频平台还可以通过算法技术分析用户的观看历史、互动行为(如点赞、评论、分享)以及搜索习惯,来构建用户的个人兴趣模型。例如,抖音就会通过算法来识别内容并进行标签化的归类,并在此基础上通过算法来识别用户的行为,借助标签对用户的兴趣进行记录。最终,抖音得以通过算法向不同类型的用户推荐符合其兴趣标签的内容,并基于用户互动数据进一步地完善内容和用户标签。[1] 上述算法自动化决策技术的应用能够实现短视频平台所追求的算法个性化推荐功能。

　　然而,算法个性化推荐却在实践应用中增加了知识产权侵权风险。例如,在字节跳动公司等诉腾讯公司等侵害作品信息网络传播权案中,杭州市中级人民法院指出,算法推送技术支持对涉案侵权短视频的大量传播发挥了明显的助推作用。[2] 与此案类似的还有上海喜马拉雅科技有限公司与优酷信息技术(北京)有限公司等侵害作品信息网络传播权纠纷案。尽管在该案中,上海知识产权法院认定被告优酷信息技术(北京)有限公司不需要承担侵权责任,但也提出,被告优酷信息技术(北京)有限公司就平台内容向其网络用户进行大数据算法推荐展示在为其带来竞争优势的同时,也会提高侵权传播效率、扩大侵权传播范围的风险,即向用户推荐涉嫌著作权侵权的信息内容。[3] 通过上述两个案件不难发现,我国司法机关已经注意到算法自动化决策技术在短视频平台领域的应用所引发的法律风险,但在是否应当对这种算法风险进行规制,以及如何规制上存在争议。杭州

-----

　　[1]　《抖音、视频号、小红书算法解析和优化建议》,载微信公众号"聚加互动",https://www.digitaling.com/articles/817466.html,2023 年 10 月 16 日访问。

　　[2]　参见字节跳动公司等诉腾讯公司等侵害作品信息网络传播权案,浙江省杭州市中级人民法院(2022)浙 01 民终 3098 号民事判决书。

　　[3]　参见上海喜马拉雅科技有限公司与优酷信息技术(北京)有限公司等侵害作品信息网络传播权纠纷案,上海知识产权法院(2023)沪 73 民终 287 号民事判决书。

市中级人民法院认为，算法自动化决策技术已经实质性地增加了被告所提供网络服务引发侵权的可能性，被告因而负有更高的注意义务。上海知识产权法院则认为，算法自动化决策技术虽然在客观上提高了侵权可能性，但仅因平台采用新技术就对其科以更重的法律义务会打击企业的创新积极性，同时也与技术中立原则相悖。尽管如此，上海知识产权法院还是指出，网络服务提供者在应用算法技术的同时，有义务定期审核、评估算法模型以降低算法风险。

四、互联网金融服务中的算法自动化决策风险

数字技术在金融领域也得到了充分的应用，并衍生出了互联网金融服务模式。除了传统的银行业所采取的数字化转型，蚂蚁、京东、美团、抖音等非金融互联网企业迅速进军互联网金融市场，拓展自身的经营范围。相较于传统金融服务模式，互联网金融企业所提供的产品和服务更能满足市场的多样化需求，而算法自动化决策技术的应用则是互联网金融能够在相当程度上超越传统金融服务的关键因素。[①] 互联网金融企业能够通过算法自动化决策技术驱动的信用评分、投资管理、欺诈检测、自动化交易服务大大提高服务效率和降低经营成本，但随之而来的算法风险也不容忽视。

首先，算法自动化决策技术驱动的信用评分机制容易因为训练数据问题而出现不公平的信用评分，进而影响企业的贷款审批决策。信用评分模型依赖于大量的历史数据来训练和预测未来的信用风险。如果这些数据存在错误、偏差或者被篡改，都会直接影响到评分的准确性和公正性。此外，随着互联网金融的发展，个人信息的泄露和滥用问题也日益严重，这不仅威胁到消费者的隐私权，也可能

---

① 从算法的应用场景来看，互联网金融平台企业通常根据消费者的基本信息、金融信息及其他信息等输入客户属性，以人工神经网络、深度学习等算法为技术基础研发算法自动化决策系统并开展消费金融活动，输出客户类别并判定是否对消费者授予信用贷款及授予多少额度与利率的信用贷款。参见程雪军：《金融强国目标下数字金融平台算法黑箱的系统治理机制》，载《河海大学学报（哲学社会科学版）》2024 年第 2 期，第 110 页。

导致信用评分系统的不稳定和不可靠。① 算法自动化决策技术的应用效果在很大程度上依赖于训练数据，而金融市场自诞生以来就十分重视数据收集以及数据分析，这为算法自动化决策的机器学习提供了良好的数据基础。通过算法自动化决策技术对数据的深入挖掘，金融科技公司得以在技术中立原则的掩护下不断试探法律政策的边界，攫取超额剩余价值与市场利润，从而实现金融科技公司的算法垄断。②

其次，算法黑箱问题在互联网金融领域依然突出，其信用评分决策过程不具有透明度，容易引发对决策结果的不信任和质疑。有经济学专家提出，"算法黑箱目前并未引起公众的充分认识。而算法中很可能注入许多有意无意的偏见，这样的算法黑箱会带来算法权力和算法歧视问题"③。具体而言，根据对客户的信用评分而决定是否发放信贷或者发放的信贷额度是金融服务企业控制自身金融风险的重要手段。然而，算法黑箱会导致互联网金融平台企业通过算法自动化决策技术得出的客户分类不准确，进而向劣质客户群体发放信贷，并最终导致平台金融风险增加。此外，互联网金融平台企业作为信息优势一方，很可能利用算法自动化决策过程黑箱这一特点进一步加剧平台企业与用户之间的信息不对称，特别是对于长尾用户而言——因为这一群体的信息劣势更为明显。一方面，通过算法的复杂性和数据分析能力，数字金融平台能够对用户进行详细的个性化画像。这种"千人千面"的用户画像使得平台可以根据用户的信用历史、购买习惯，甚至社交网络活动等多种因素，实施差别定价策略。例如，平台可能对信用评分较高的用户提供较低的借款利率，而对评分较低的用户施加更高的费用。尽管这种做法可以被理解为风险管理的一部分，但它也可能加剧经济不平等，使得资金成本

---

① Yuhao Zhao, *Research on Personal Credit Evaluation of Internet Finance Based on Blockchain and Decision Tree Algorithm*, EURASIP Journal on Wireless Communications and Networking, Vol. 213, No. 1, 2020, pp. 1-12.

② 参见程雪军：《金融科技公司算法风险的体系化治理：欧美比较治理视角》，载《经济社会体制比较》2023 年第 6 期，第 101 页。

③ 参见肖望：《金融智库担忧算法黑箱带来歧视，建议规范个人数据采集和使用》，载腾讯网，https://new.qq.com/rain/a/20210611A04NOZ00，2023 年 7 月 19 日访问。

对经济较弱群体造成更大负担。另一方面，数字金融平台的操作复杂且缺乏透明性可能导致信息不对称问题加剧。平台可能利用用户对算法和金融产品复杂性的不理解，实施虚假宣传或误导性营销。例如，平台可能夸大投资回报率，或在不明显的地方隐藏费用和风险，诱导用户作出不利于自己的金融决策。这种做法不仅侵犯了消费者权益，也破坏了市场的公平竞争环境。

最后，特别应当得到关注的是，一旦算法自动化决策技术风险转化为现实危害结果，那么很可能意味着系统性金融风险已经出现。一方面，平台金融科技公司在互联网技术破除时空限制的加持下，拥有比传统金融公司更高的市场份额和更为庞大的客户基础；另一方面，平台金融科技公司还起到了行业内基础设施的作用，而这恰好使得部分中小金融机构过度依赖平台公司，这种依赖使得算法自动化决策导致的金融风险将不会局限于平台公司内部，而是会迅速扩散到行业内的其他公司。在这种情形下，规制算法自动化决策技术风险本身就成了防范系统性金融风险工作的重要组成部分。事实上，2000 年互联网泡沫危机和 2008 年美国金融危机的爆发与算法技术的不成熟均脱不了干系。

五、电子商务平台中的算法自动化决策风险

在数字赋能的背景下，算法自动化决策已经成为电子商务平台提升用户体验、优化商业流程和增加平台收益的重要工具。然而，随着算法自动化决策技术应用的深入，诸多风险也逐渐显现，不仅严重影响消费者的权益，还对市场竞争和法律合规性提出了新的挑战。

首先，算法偏见和歧视问题是电子商务平台场景中最显著的风险之一。算法往往基于历史数据进行决策，而这些数据可能包含偏见或不公平的代表性，导致算法在执行过程中放大了这些偏见。例如，定价算法可能根据用户的浏览记录、购买历史或地理位置调整商品价格，这种差异化定价虽然提高了平台的收益，但可能造成对特定用户群体的不公平待遇，甚至形成价格歧视。此类歧视不仅损害了消费者的利益，还可能加剧社会的不平等。

其次，算法透明性和可解释性不足使得用户在面对电子商务平台的自动化决

策时，难以理解平台是如何根据其行为和数据作出决策的。例如，推荐系统和广告投放算法在背后进行复杂的数据处理和决策，但用户往往不知道为什么他们会看到特定的商品推荐或广告。这种不透明性加剧了信息不对称，使得消费者在选择商品或服务时难以作出完全知情的决策，从而降低了市场的公平性和效率。此外，平台的决策过程如果不透明，也会削弱用户对平台的信任，进而影响平台的长期发展。

再次，数据隐私和安全风险也是电子商务平台中的一大关键问题。算法自动化决策依赖于对大量用户数据的收集和分析，这些数据通常涉及用户的个人信息、浏览记录、购买历史等敏感信息。尽管这些数据的利用能够帮助平台优化用户体验并提升服务质量，但同时也伴随严重的隐私风险。如果平台的数据保护措施不够完善，用户数据可能会被泄露、滥用，甚至在未经用户同意的情况下分享给第三方，从而侵犯用户的隐私权。此外，在数据存储和传输的过程中，若未采取足够的安全措施，用户数据还可能面临黑客攻击或被非法获取的风险。这些安全隐患对用户的隐私保护提出了更高要求，也要求平台采取更严格的防护措施，确保数据安全。

最后，市场竞争和公平性问题也不容忽视。电子商务平台中的算法自动化决策可以通过动态定价、推荐系统等方式影响市场竞争格局。例如，大型平台可以利用其数据优势和算法能力，对竞争对手的定价策略进行实时监控并作出反应，从而压制竞争对手。此外，平台可能通过算法操纵商品的搜索排名和展示位置，优先推荐自有品牌或与平台关系密切的商家，这种做法虽然有助于提高平台的利润，但可能损害市场的公平竞争，导致中小企业难以获得平等的发展机会。

第二章　算法自动化决策风险的成因

本章将深入探讨算法自动化决策风险的成因，并重点从以下三个方面进行分析。首先，算法黑箱这一现象揭示了算法决策过程中的不透明性问题，这不仅使得算法行为难以被理解和监督，还增加了决策错误和偏见的风险；其次，当前法律框架对算法决策行为的规制不足，尤其是在技术中立原则的掩护下，算法应用者往往难以被追责，这进一步加剧了算法决策风险的不可控性；最后，随着社会活动的逐步数字化，社会活动的数字化正在改变传统的权利保护模式，算法自动化决策逐渐渗透到社会生活的各个方面，从而对个人权益、社会秩序以及法律规范提出了新的挑战与考验。本章旨在通过对这些成因的剖析，揭示算法自动化决策风险的本质与影响，并为进一步的法律规制与社会应对策略提供理论支持。

第一节　算　法　黑　箱

尽管晚近多有研究质疑算法黑箱在算法自动化决策风险中所起到的作用，但算法黑箱依然被普遍认为是后者的重要成因。本节将围绕算法黑箱，研究其形成原因、与人脑决策黑箱的差异以及其在算法自动化决策风险生成中所发挥的作用。

一、算法黑箱的形成

"算法黑箱"是对算法自动化决策过程不透明的一种生动比喻。由于"算法黑箱"的客观存在，算法自动化决策技术的被决策者无法了解其决策逻辑，因而往往只能被动接受决策结果。① 算法自动化决策过程的不透明性具有相对性，主要是指其超越了人类现有的认知能力，而非指其在客观上不存在可被认知的可能性。由于算法自动化决策的"黑箱"特征，即使被决策者遭遇算法自动化决策侵害，其也无法向算法技术应用者寻求决策依据说明。更进一步，甚至于被决策者是否能够感知到自己的权益受到了算法自动化决策的侵害也会因为"算法黑箱"而变得格外模糊。除了算法自动化决策技术本身所导致的过程不透明性，算法技术应用者也在某种程度上助长了"算法黑箱"现象。例如，市场经营者在应用算法自动化决策提高自身竞争优势时，通常会将相应的技术作为商业秘密予以保护，而这无疑会导致公众无法接触算法自动化决策的决策原理。② 事实上，能够为市场经营者带来竞争优势，一直是算法自动化决策技术得以快速发展的源动力。在这种背景下，算法自动化决策技术的市场价值得以凸显，而这又反过来巩固了横亘于大众与算法自动化决策之间的壁垒。作为一项无形技术，其研发成本与复制成本悬殊，故杜绝"搭便车"成了保护算法技术研发者的重要抓手。在数字经济时代，算法技术越来越多地扮演生产工具的角色，在推动社会经济与生产力发展等方面所发挥的作用有目共睹。然而，也正是基于此，算法自动化决策技术的决策逻辑变得越发神秘。"算法黑箱"现象不仅是数字经济时代下算法自动化决策风险的重要成因，同时也对社会成员权益造成重大隐患。

二、算法黑箱与人脑黑箱的差异

"黑箱"并非算法自动化决策所独有，人脑决策亦存在黑箱现象。有研究表明，作为人类决策者的法官，其作出司法决定时的大脑活动以及决策依据并不能

---

① 参见[美]卢克·多梅尔著：《算法时代：新经济的新引擎》，胡小锐等译，中信出版社2016年版，第140页。

② 2020年8月《最高人民法院关于审理侵犯商业秘密民事案件适用法律若干问题的规定》将算法列入了技术信息范畴，使其正式成为我国商业秘密法所保护的对象。参见李晓辉：《算法商业秘密与算法正义》，载《比较法研究》2021年第3期，第105~121页。

为人所知，尽管这一特点常常被归结为人类的自由意志。① 应当承认的是，尽管许多人类决策活动并不需要揭示决策过程和决策依据，但具有强烈程序正义要求的司法决定却必须尽可能地客观化这两个要素。实体的和程序的法律规范均致力于满足公民对司法决定的客观化需求，但即便如此，由于人们社会活动的多样性和发展创新性，难免会出现既有法律规范没有明确的规定的情形。在这种情况下，法官要么选择拒绝裁判，要么选择运用自由裁量权造法或者对类似法律规范进行实质解释后再适用。前者常常发生在公法领域，而后者则发生在有着"禁止拒绝裁判"历史传统的私法领域。即使限定在私法领域，法官自主决策的空间仍然很大。易言之，在相当数量案件中，法律规范所起到的客观化司法决策过程的作用并不尽如人意，而是获知法官如何裁判则是实现司法公正的重要发力点。正如霍姆斯所言："法律就是对法院将要如何判决的预测。"从这句断言出发，不难发现，法官自身的决策在相当程度上发挥着法律规范的作用，而这一"立法"依据却只能通过法官的裁判说理得以窥视一二。司法领域中的人脑黑箱不仅体现在法律适用层面，同时也反映在案件事实认定过程中——大陆法系国家所普遍采用的"自由心证"原则就是有力证明，即在认定证据是否可以被采纳时，不仅需要考虑证据规则，同时还需要法官内心确认相应证据为真实的。

当人脑黑箱被冠以自由意志的美名后，其似乎就由一种缺点转化为了一种优点。事实上，形式正义是现代法律的重要特征，而牺牲一部分的正义则是实现形式正义的必要损耗。② 常常作为对一般规则的突破的实质正义则需要在形式正义所允许的缝隙内存在，但即使是在这种缝隙中，实质解释结论的作出也必须尽可能的客观化，否则难免造成法律解释的恣意性，同时也会严重冲击法律的形式正义。因此，如果说司法正义的实现在完善的实证法律规范体系之外，仍然需要法

---

① 关于人脑决策依据不可外在客观化的研究，请参见 Bargh J A, Morsella E, *The Unconscious Mind*, Perspect Psychol Sci, Vol. 3, No. 1, 2008, pp. 73-79; Brozek B, *The Legal Mind: A New Introduction to Legal Epistemology*, Cambridge University Press, 2020, p. 17.
② "为试图使每个案件都达到绝对的公正就不可能发展和保持一般规则。"参见[英]卡多佐著：《司法过程的性质》，商务印书馆 2013 年版，第 10 页。

官的自由裁量以减少形式正义的刚性，并尽可能促进个案正义，那么这种脱离于人脑的司法决策必须尽可能的客观化，即决策过程和依据可以为其他人所检验。简言之，司法决策既需要对既有法律规范资源的挖掘，也需要法官一定的创新，但这种创新必须尽可能地有章可循，而自由意志并不能成为司法恣意的挡箭牌。

多重原因导致算法黑箱在数字经济时代格外受到关注。首先，对于人脑决策黑箱所可能造成的损害后果，人类漫长社会发展过程中所构建的一系列社会制度已经形成了较为完善的控制体系。相较而言，包括法律制度在内的社会制度并不能够直接作用于算法自动化决策技术。从目前来看，用技术规制技术仍然是降低技术风险和缓解算法黑箱的最主要路径。与技术有关的法律责任所能够起到的作用仅是激励和促使技术研发和应用者更加注重完善现有的算法自动化决策技术。其次，人脑"黑箱"与算法黑箱所可能造成的损害后果严重程度并不相同。[1] 换言之，算法"黑箱"所造成的损害后果要远大于人脑"黑箱"。最后，人脑"黑箱"在一定程度上是人们思想自由的体现，同时也是人类社会发展所一直极力避免干预的领域。事实上，无论人脑决策的逻辑如何，只要行为人并没有做出违反法律规定、损害社会公序良俗的行为，那么社会就不会作出否定性评价。行为违法性也一直是司法者认定刑事责任、民事侵权责任所需要考虑的首先前提。

三、算法黑箱危害产生的渊源

首先，"算法黑箱"的由来就是对算法自动化决策过程不透明的隐喻，故其最显著的特征是不透明性。有学者认为，"算法黑箱"危害的最直接表现是对消费者知情权及隐私权的巨大侵害风险。[2] 与一般商业场景中侵害消费者知情权及隐私权的情形不同，由于算法黑箱的存在，作为算法自动化决策相对人的消费者

---

① 有学者指出，人脑"黑箱"基本是个别性的、随机性的、不断变化的，而算法黑箱则是普遍性的、连续性的、稳定性的；人脑"黑箱"是一种难测的自主判断，算法黑箱则是一种可控的必然选择。参见马长山：《智慧社会背景下的"第四代人权"及其保障》，载《中国法学》2019 年第 5 期，第 6~7 页。

② 参见钟晓雯：《从算法"黑箱"走向算法透明：基于"硬法—软法"的二元法治理模式》，载《中国海商法研究》2023 年第 4 期，第 54 页。

只能观察到输入数据和输出数据，而无法直接观察和验证算法的数据收集、分析和挖掘行为。这就导致了消费者难以得知其权益是否实际受到损害，进而也无法决定是否应当采取救济措施。不仅于此，"算法黑箱"的危害上升到社会层面就表现为算法权力的形成。算法自动化决策技术的应用者可以在技术部署前期尽可能地便利人们的社会活动，进而使得社会成员相信：无论算法自动化决策过程是否透明，其结果都将实质性地有利于增进社会福祉。一旦这一信条形成，那么算法自动化决策就与社会成员之间建立起了"信息交换便利"的联系，尽管社会成员无从得知其被收集的个人数据将被如何分析挖掘和使用，进而也不可能监督算法自动化决策结果是否侵害到了自己的权益。事实上，人们行事的思维逻辑很少在乎决策过程——大部分的日常活动是通过意识形态判断和肌肉记忆完成的。此时人们的行为逻辑在很大程度上迎合了算法自动化决策的黑箱特点，即不问过程，只问结果。易言之，并非算法自动化决策中的黑箱问题本身具有很大危害，而是叠加了人们的活动特点后才产生了巨大的社会风险。

其次，"算法黑箱"危害形成的另一个重要原因是其相较于人脑决策黑箱而言的陌生性。正如上文对算法黑箱和人脑黑箱的比较，二者的决策过程均不具有透明性，但为何偏偏算法黑箱备受关注。从决策量来看，尽管算法自动化决策技术越来越普及，但也完全无法撼动人脑决策在人类活动中的决定性支配地位。从功利的角度分析，研究如何控制人脑决策黑箱风险要比控制算法黑箱风险更有价值也更具效率。对于两种黑箱的不同态度源自"算法黑箱"的陌生性。一方面，人脑黑箱伴随人类社会产生和发展的全过程，是人们非常熟悉的事物。此外，经过人与人之间的交流相处，特定人脑的决策逻辑能够在相当程度上为其他同样使用人脑决策的人们所理解。事实上，人们的某些经验与决策逻辑具有超越性，不仅能够超越自身而为他人所理解，更能够跨越时空的界限为身处不同时空的人们所理解。这种超越性正是经典文学作品往往能够起到强大的情感感染力的重要原因。假设每个人都对彼此的决策逻辑完全陌生，那么一个人如何能够理解另一个人的托物言志和借景抒情呢？

另一方面，人与算法之间的决策逻辑难以实现共享，进而无法消除"算法黑箱"的陌生性。一个社会群体内，群体成员通过长期的共同生活和交流能够在许多方面形成相同或者至少类似的意识形态；通过互联网连接的不同算法自动化决策技术也可以共享彼此的决策逻辑，进而实现连接性。相较于连接不同人决策逻辑的意识形态，算法自动化决策技术的决策逻辑共享具有形成上的瞬时性与复制上的精准性。然而，在破解彼此人脑黑箱中发挥关键作用的是人们所共享的大脑决策逻辑，即想象，而由于算法自动化决策的逻辑在于代码化的数学运算，故而难以与人脑之间产生这种共享。有学者认为，沟通不同人脑决策逻辑的是民间心理学（Folk psychology）。民间心理学代指的是人们的一种基本能力，即描述人们自身行为和他人行为、解释和预测他人行为、概括有关人类行为的能力。[①] 无论是想象抑或是某种心理学能力在人与人之间的决策逻辑中间充当着桥梁作用，都至少足以证明人脑黑箱相较于人们而言并不陌生。此外，不同于算法自动化决策所造成的后果往往游离于法律责任之外，人们的行为经常面临着法律的约束。当某人实施犯罪行为时，法官并不会因为其人脑决策黑箱而宣告其无罪。恰好相反，法官要非难的正是其贯穿于犯罪行为全过程的犯罪意志。退一步来看，即使人脑黑箱无法通过意识形态、想象抑或民间心理学予以破除，法律制度、道德规范等社会行为规范的存在也足以在相当大的程度上抹杀人脑黑箱的存在空间。

再次，基于不透明性而产生的不可预测性则是"算法黑箱"的另一大危害来源。人脑能够在一个高度复杂和不可预测的世界中持续运作的重要原因是其对确定性的狂热追求。为了追求确定性，剪裁、忽略和捏造事实成了人类大脑决策经常发生的事情。简而言之，大脑更倾向于经常使用和经过充分测试的行为模式和以前被接受的信念。[②] 在研究算法自动化决策风险时，人们追求确定性的心理特点不容忽视。当然，确定性并不需要建立在坚实和不可动摇的事实基础上，而只

---

① Brozek, B., Furman, M., Jakubiec, M. et al., *The Black Box Problem Revisited. Real and Imaginary Challenges for Automated Legal Decision Making*, Artificial Intelligence Law, Vol. 32, 2024, p. 431.

② Webster D, Kruglanski A, *Individual Differences in Need for Cognitive Closure*, Journal of Personality and Social Psychology, Vol. 67, No. 6, 1994, pp. 1049-1062.

需要人脑足以相信即可，但越是高度智能，算法自动化决策的结果也就越是偏离人们所需要的确定性，呈现出一种出人意料的样态，而这自然会引起人们的焦虑。反过来看，也正是算法自动化决策技术在某些领域中得以广泛应用并非其智能程度更高，给社会带来的福利效果更好，而仅仅是其符合人们对确定性的追求。一旦某一特定领域中的算法自动化决策技术不断作出超出人们预想的决策结果时，那么其应用就将大受限制，甚至是被完全禁止。

最后，算法自动化决策的结果缺乏正当性基础，即不存在某种正当性理由能够让人们接受其决策结果。法律的生命不在于逻辑，而在于经验。[①] 算法自动化决策尽管可能基于海量数据和复杂算法作出决定，但其背后缺乏人类的经验和判断，这就导致了其结果即使在逻辑上是正确的，但在社会接受度和正当性上却可能存在问题。算法自动化决策在缺乏正当性基础的情况下，其结果自然容易遭遇公众的质疑和抵制。例如，当某个自动化系统在招聘、信贷评分或医疗决策中作出决定时，如果结果不符合公众的预期或与现有社会价值相悖，那么即便算法在技术上是无误的，其结果也难以被广泛接受。由于缺乏透明的过程和经验积累的支持，算法决策的结果往往难以获得正当性的认可。算法的高度智能化并不意味着其决策结果能够自动获得正当性。相反，越是智能化的系统，其决策过程越复杂、越不可预测，这反而使得其结果更容易偏离人们的预期，产生不符合社会认知的"异质性"结果。正是这种异质性，让公众对算法自动化决策结果产生怀疑，并进一步削弱其社会正当性。法律和社会规范需要在某种程度上能被解释和理解，而"黑箱"算法的不可解性正是其正当性缺失的主要原因之一。

第二节 游离于法律责任之外：技术中立原则

为了避免因法律制度层面对特定技术的歧视和偏袒对技术发展带来不利影

---

① ［美］奥利弗·温德尔·霍姆斯著：《普通法》，明辉译，北京大学出版社 2023 年版，第 2 页。

响，技术中立原则成为当前指导立法者、司法者、执法者在处理与新型技术发展相关的问题时所秉持的基本理念。毋庸置疑的是，技术中立原则在鼓励公平竞争、促进技术创新，以及增进消费者福祉等方面均发挥了重要作用。然而，技术中立原则在发挥积极作用的同时，也造成法律制度对技术风险反应滞后以及规制不能等不良后果，特别是在算法自动化决策技术领域。第一，尽管算法偏见、算法黑箱等问题已经非常突出，但由于其均属于相关技术本身所固有的特点，并非技术应用者的过错所致，故传统的民事侵权责任并不能够触及相关领域，特别是在算法自动化决策技术应用者提前向消费者和用户说明相关技术的特点及缺陷，而消费者和用户也选择接受的情况。第二，技术中立原则的核心要求是不能针对特定技术采用不同的法律对待方式，即行为人不能因为采用了某项特定技术就承担不同的法律义务。也正是基于此，与算法自动化决策技术规制有关的法律规定非常欠缺针对性，难以应对深度学习、神经网络等新技术加持下的算法自动化决策技术风险。第三，虽然技术中立原则主要面向立法者，但其在司法适用过程中的影响力不容忽视。数字经济时代下，算法自动化决策技术不仅具有效率高的特点，同时其迭代速度也远超于以往的工业技术。即使立法者选择对算法自动化决策技术制定特别的法律规范，最终的效果也可能因为技术的飞速发展而大打折扣，进而导致立法目的落空。事实上，这也正是技术中立原则的内在价值之一，即避免应当趋于稳定的法律制度因为活跃的技术发展而受到过分的冲击。

技术中立原则在司法适用中的具体表现为实质性非侵权用途规则的适用。实质性非侵权用途规则滥觞于美国专利法，并被美国最高法院通过判例引入版权法领域。在索尼案中，美国最高法院认为，具有实质性非侵权用途的产品的生产者，并不仅因实际具有的某些用途而构成间接侵权。[1] 米高梅电影公司等诉格罗斯特有限公司等案中，美国法院又提出对于具有潜在侵权性的技术，只要表明其具有某种"实质性的非侵权用途"，就应当允许其进行制造和销售。[2] 诚然，实质

---

① Sony Corp. of America v. Universal City Studios, Inc., 464 U. S. 417 (1984).

② Metro-Goldwyn-Mayer Studios, Inc., et al. v. Grokster, Ltd., et al. 545 U. S. 913 (2005).

性非侵权用途规则在促进技术发展上的作用不容忽视，也不应否定其存在的合理性，但值得追问的是"该规则是否仍有进一步完善空间"。从当前算法自动化决策风险的客观情况来看，该规则事实上处于急待完善的地步。至少而言，法律制度层面需要提供一种激励，即促使技术研发者完善相关技术，并不一定要求消除风险，而是尽可能地降低技术的风险水平。

第三节 社会活动的数字化

算法自动化决策风险根植于人们活动的数字化，而后者程度越高，与之相应的技术风险程度也就越高。在数字经济时代，人们在现实生活中拥有身份的同时，也在数字环境中拥有了数字身份；人们在现实生活中开展活动的同时，也在数字环境中实施诸如发表言论、购物、娱乐等活动。即使某些活动无法在数字环境中完全展开，但人们的数字足迹也足以暴露其在现实生活中从事这些活动的偏好细节。例如，尽管人们没办法在互联网中真正播种和收获作物，但线上农场却为那些无法在现实生活中——至少是不大方便——实施这类活动的人提供了体验的机会，而参与者的相关偏好则会完成数字化，并被存入某个数据库中。这一系列的活动数据最终将形成某个现实生活中的人的专属数字身份，而自动化决策算法则会通过对其数字身份的分析推测其购物偏好、出行路线偏好，乃至于宗教信仰倾向等。单纯的数据分析并不足以影响人们的实际权益，但当这些数据分析服务于用人单位挑选雇员、金融机构发放贷款、法官认定被告人是否构成犯罪等活动时，情况就将大不一样。

从本质上来看，算法风险并不是算法技术研发者或应用者出于过错而引发的，而是某一类社会活动水平增加所引发的外部性社会成本。典型的技术研发者过错是算法程序存在错误的代码，而应用者过错则可以表现为算法程序输入了带有偏见的数据。然而，在大多数的情况下，应用于社会活动中的算法自动化决策技术并不存在上述问题而相应的技术风险仍然客观存在。例如，当短视频平台应用个性化推荐算法向用户推送视频内容时，即使算法代码和训练数据不存在问题，侵犯他人知识产权的内容——甚至于涉及恐怖暴力活动等严重违法内容——依然有可能得到优先推荐。追本溯源不难发现，算法自动化决策风险其实就是一种不合理社会活动水平增加所引发的社会成本。易言之，即使算法自动化决策的研发者和应用者尽到了通常情况下的"谨慎注意"义务，算法自动化决策风险依然会存在，并随时可能转化为实际损害。当然这里的谨慎注意义务是指在现有法律框架中所规定的程度，而非防止风险产生和损害发生所应有的程度。

类似地，环境污染也是一种不合理社会活动水平增加所引发的外部性社会成本。很长时间里，环境污染并不被视为法律意义上的损害结果，而人们也并不负有防止环境污染的义务。在这种法律制度框架下，一个经济理性的工业生产者并不会将有限的生产资源投入防止其生产活动所造成的环境污染上。

与环境污染不同的是，受害者自身的行为充当了算法风险的重要来源。尽管环境污染也可能导致污染者自食其果，但污染的后果却是由其之外的广大社会成员共同承担。对于环境污染，法律对工业生产者课以侵权责任能够有效促使其减少相应的生产活动量，或者采取其他技术措施降低生产活动产生的外部性社会成本。然而，数字经济的蓬勃发展正是数字赋能的重要体现。人们社会活动数字化的社会收益显而易见，故要求社会成员减少自身社会活动的数字化机会会给他们的日常生活和工作带来不便，也会错失数字赋能的重大技术福祉。在这种情况下，唯一的出路就是以技术规制技术。当然，这一出路反映在规制人们行为的法律制度层面中将是对技术研发者和应用者施以法律义务，促使其完善相关技术，降低技术风险。

第三章　算法自动化决策的整体治理路径

第一节　算法解释权制度

一、算法解释权的制度实践

算法解释权源自欧盟的《一般数据保护条例》(*General Data Protection Regulation*,以下简称为 GDPR)。[①] 一方面,GDPR 序言第 71 条对仅基于自动化处理(包括画像分析)作出的决策的数据主体权利进行了规定。其规定个人应有权不受仅基于自动化处理并对其产生法律效果或类似重大影响的决策的约束。例如,自动拒绝在线信贷申请或某些电子招聘实践。此外,GDPR 序言第 71 条详细说明了算法自动决策过程必须配备适当的保障措施,以确保个人有权获得人工干预、表达其观点以及获取自动化决策算法解释。另一方面,GDPR 第 13、14、15 条规定,控制者在获取个人数据(在必要的情况下,出于证实处理过程公正和透明的需要)和处理个人数据时,应向数据主体提供如下信息:自动化决策机制、涉及的逻辑程序、对数据主体的重要意义和设想结果。[②] 尽管学界普遍认为 GDPR 的序言第 71 条和正文第 13、14、15 条构成了算法解释权的法律基础,但

---

① 陈林林、严书元:《论个人信息保护立法中的平等原则》,载《华东政法大学学报》2021 年第 5 期,第 6~16 页。

② 张恩典:《大数据时代的算法解释权:背景、逻辑与构造》,载《法学论坛》2019 年第 4 期,第 152~160 页。

关于该权利的具体含义仍未达成共识。张凌寒教授认为，算法解释权应当在自动化决策显著影响个人法律或经济利益时生效，此时个人可对使用算法的一方提出异议，要求对决策进行解释，并要求更新数据或纠正错误。① 还有学者则认为算法解释权指的是，当数据主体认为算法自动化决策得出的结果与自己预期不相符合时，有要求对算法设计以及运行（即数据的分析处理过程）进行解释的权利。② 有学者从人机交互的角度出发，提出算法解释就是一个能够连接人类思维与算法自动化决策逻辑的桥梁。③ 通过算法解释，被决策者能够认识到各种现实因素将如何被自动化决策算法所提取、运用，并据此作出权益是否受到侵害的判断。

事实上，在欧盟之后，美国与我国也纷纷开始将算法解释权纳入本国的制度建构体系。例如，2023 年 10 月 30 日，美国总统拜登签署了一项关键的行政命令，题为《关于安全、可靠、可信地开发和使用人工智能的行政命令》。这一命令的核心目标是确保美国在全球人工智能技术的发展及其风险控制方面继续保持领先地位。此外，该命令还着重于维护公民隐私，推进社会公正和公民权益，以及保护消费者和劳动者的利益。④ 尽管人工智能与算法自动化决策外延不尽相同，但二者之间的重合要远远大于其差异。长久以来，出于对自身科技强国地位的维护，美国政府在技术创新领域始终采取着较为宽松的政策方针，特别是相较于欧盟而言。这一行政命令的发布并不意味着美国政府在对待技术创新问题上的政策转向，而是标志着人工智能所带来的风险已经不容忽视。

我国《个人信息保护法》第 24 条第 3 款的规定也体现了算法解释权，即面对

---

① 张凌寒：《商业自动化决策的算法解释权研究》，载《法律科学（西北政法大学学报）》2018 年第 3 期，第 68 页。

② 姜野、李拥军：《破解算法黑箱：算法解释权的功能证成与适用路径——以社会信用体系建设为场景》，载《福建师范大学学报（哲学社会科学版）》2019 年第 4 期，第 89 页。

③ 参见苏宇：《算法解释制度的体系化构建》，载《东方法学》2024 年第 1 期，第 82 页。

④ 王鹏：《它山之石，可以攻玉——美国〈关于安全，可靠和可信开发和使用人工智能的行政命令〉的综述与简评》，载腾讯网，https://new.qq.com/rain/a/20231102A04R1Q00，2023 年 11 月 14 日访问。

自动化决策算法所作出的决定，个人有权获得算法自动化决策说明。诚然，该款规定没有明确规定算法自动化决策应用者所需要说明的内容，存在一定的模糊性，但算法自动化决策技术自身的技术特点本就难以通过立法形式予以反映。退一步而言，即使能够从立法层面明确当前算法自动化决策解释权所要求的说明内容，技术的快速迭代更新会使得相应的规定迅速过时，并导致立法者疲于奔命，这显然并非明智的立法之举。除了《个人信息保护法》，《互联网信息服务算法推荐管理规定》《生成式人工智能服务管理暂行办法》《关于加强互联网信息服务算法综合治理的指导意见》等也均对算法解释权提供了规范供给来源。《互联网信息服务算法推荐管理规定》第 12 条明确规定，鼓励算法推荐服务提供者通过各种技术手段和规则提高算法自动化决策的可解释性。除此之外，该规定第 16 条规定算法推荐服务提供者应当以适当方式向用户公示算法推荐服务的基本原理、目的意图和主要运行机制等。这一规定可以被理解为事前意义上的算法解释权，即用户有权在算法自动化决策尚未真正作出对其权益造成影响的决策前获得对算法的相关解释信息。第 17 条第 3 款则可以被理解为事后意义上的算法解释权。[1] 有学者认为，《生成式人工智能服务管理暂行办法》第 19 条是我国首次真正意义上规定算法解释权的法律规范。[2] 事实上，与其说该条规定是我国算法解释权的法律渊源，不如说是在强调人工智能服务提供者面对监管机关时的算法解释义务。此处的算法解释权是一种权利而非请求权，即公权力监管机关可以要求人工智能服务提供者履行算法解释义务，而非请求其履行，特别是无须诉诸法院进行司法裁决。当然，行政机关做出不当行政行为时，行政行为相对人可以根据《行政诉讼法》的规定向法院提起行政诉讼，但不得不承认的是，这里的算法解释权可以为行政机关所直接执行。

---

[1] 当算法自动化决策真实地对用户的权益造成重大影响时，算法推荐服务提供者需要承担相应的说明义务。

[2] 参见钭晓东：《论生成式人工智能的数据安全风险及回应型治理》，载《东方法学》2023 年第 5 期，第 113~114 页。

二、建构算法解释权的正当性基础

有学者提出，算法解释权缺乏技术和效果上的可行性和规范依据，因而算法自动化决策的被决策主体不应也无法被赋予算法解释权。[①] 自动化决策算法的深度学习特征使得其能够在运行过程中对原始的算法模型进行持续迭代升级，进而实现更好的算法自动化决策目标，但恰是如此，算法设计者往往也无法解释自己设计的算法模型可生成的结果。[②] 深度学习极大地扩展了算法的应用领域，同时也减轻了算法设计者的工作量。算法技术诞生后的很长一段时间内，尽管其在运算速度和运算能力上明显优于人力，但却面临着反馈机制缺失和需要人力进行不断调整等挑战。然而，正是因为深度学习技术的出现，算法得以在运行中不断吸收数据进而调整自身的运行逻辑，算法工程师也无须再费心从海量的反馈数据中寻找算法的缺陷并进行调整。

支持算法解释权的学者认为，尽管算法自动化决策在真正投入应用前已经得到了被决策者用户的同意，二者之间系平等的合同关系，但算法自动化决策本身所具有的权力属性会使得相对人在知识层面处于不平等地位，故而需要额外的法律制度救济。[③] 事实上，在平台经济高度发达的当前，由于用户拒绝就意味着无服务，故而与算法自动化决策相关的用户同意制度形同虚设。易言之，与算法自动化决策相关的服务合同在事实层面属于半强制，而非完全自愿。只要社会成员无法接受拒绝平台服务而与时代脱钩，那么就必须同意算法自动化决策介入自己的生活。试问，在网购、短视频已经深入人们生活的时代，有多少人能果断抽身而拥抱传统的购物和娱乐生活。一方面，要求社会成员以拒绝接受服务为代价来倒逼算法自动化决策应用者从技术角度积极寻求弥补漏洞的路径不具有现实性。

---

① 王东方：《商业自动化决策规制的私法困境及其完善路径》，载《中国流通经济》2022年第5期，第121页。

② 辛巧巧：《算法解释权质疑》，载《求是学刊》2021年第3期，第100~109页。

③ 参见张凌寒：《权力之治：人工智能时代的算法规制》，上海人民出版社2022年版，第256页。

尽管被决策者用户群体组织一起能够拥有强大的议价能力,但其组织成本却令人难以承受,特别是在现代社会不断原子化的今天。另一方面,社会成员拒绝接受服务不仅会降低自己原有的生活质量,也会阻碍新技术的应用与发展,与促进创新、促进技术进步的价值取向相悖。

从算法解释权的制度目的来看,算法解释权既有利于消除算法黑箱现象,也有利于平衡算法自动化决策中的算法应用者与被决策者之间的状态。有学者认为,算法自动化决策风险的重要成因就是算法黑箱,而通过算法解释提高算法透明度则是化解算法风险的重要路径。① 诚然,由于算法自动化决策展现出来的模糊性与高度技术性特点,算法对于人们的影响虽然触手可及,但算法的运行机理与逻辑却鲜为人知。如果不推行算法解释权,那么上述现状将很难得到矫正。不可否认的是,机器学习等技术迭代的结果已经在客观上提高了算法自动化决策解释工作的难度,技术的完善可能性并非由人们的断言所决定。法律层面的规制应当充分考虑相关技术行业内部的具体情况,但这并不意味着后者的断言或者建议就应当得到法律层面的认可。在当前算法自动化决策风险显著增加、急待化解的背景下,人为地给算法技术的完善构筑边界的做法并不妥当。如果放弃对算法解释权的法律制度设计,那么可以想象的是,算法设计者、应用者等一众利益相关主体从技术层面完善算法自动化决策的动机将大大削减。

此外,算法自动化决策的经济价值已经为社会所公认,故以商业秘密为由拒绝向公众解释的反对观点值得重视,但并非阻碍算法解释权设立的充分理由。私权利益与社会公共利益之间的冲突在法律体系中随处可见,仅仅因为有冲突就完全导向私权利益保护却是罕见的立法操作。相反,因为要保护社会公共利益而主动对私权利益进行限制的立法例倒是屡见不鲜。因此,如何在执法、司法实践中平衡商业秘密保护与算法风险化解这两个价值取向确实是值得探讨的命题,但必然是在确立算法解释权的前提下才能够开展的工作。针对上述命题,有学者提出

---

① 参见张恩典:《大数据时代的算法解释权:背景、逻辑与构造》,载《法学论坛》2019年第 4 期,第 156 页。

可以在"调和论"下寻求适当的算法透明和合理的商业秘密保护。① 从算法解释权所追求的算法透明角度来看，可以对自动化决策算法进行分类，并在此基础上设定不同的解释义务。从商业秘密保护角度来看，则可以对商业秘密的边界进行限缩，进而建构商业秘密保护的公共利益抗辩制度。

最后，算法解释权制度能够充分调动被决策者的力量来对不断膨胀的算法权力进行制约。随着人类社会对制度的认识不断深化，制度与人之间的互动关系以及制度在运行过程中所需要面临的人与人之间的关系逐渐进入了制度设计者的视野中。一项精妙的法律制度设计不仅表现为其本身的逻辑自洽性与体系完备性，还在于其能够充分调动已有的社会力量来实现其所欲追求的社会效果。具体到算法解释权情形中，算法解释权制度所面临的利益博弈双方是算法自动化决策技术应用者与被决策者，双方存在利益方向一致的情形，即前者应用该项技术显然能在客观上实现帮助后者作出更为合适的购物决策等作用。然而，技术应用者的根本出发动机必然是获得盈利，这是市场经济下，市场经营主体动机的应然推论。在这种情况下，算法自动化决策技术应用者基于获取更多盈利的追求，很有可能会在没有法律约束的情况下牺牲其他主体利益。这种情形正是"社会主义市场经济是法治经济"命题的背景板。为了防止市场主体牺牲他者利益而谋求自身利益，法律制度必须足够完善。算法解释权正是践行"社会主义市场经济是法治经济"命题的生动例证。通过算法解释权，被决策者能够形成相较于算法自动化决策应用者的议价能力，进而倒逼其采取措施改进技术，避免对前者利益的损害。

三、算法解释权的内容

任何一项权利的内容构造必然包括权利主体和权利内容，而在算法解释权的具体情境下，权利主体指的是受算法自动化决策影响的被决策者，而权利内容则是算法自动化决策应用者所提供的关于算法自动化决策逻辑的说明。应当特别说

---

① 杨莹莹:《算法透明的法律实现与限定——基于商业秘密保护的视角》，载《电子知识产权》2023 年第 11 期，第 81 页。

明的是，尽管监管机构也可以要求算法自动化决策应用者提供关于相关技术的说明，但这里并非权利的范畴，而是一种行政权力的行使。此外，监管机构作为公权力机关在获取算法自动化决策说明时不会面临商业秘密保护等难题，因而其内容设置较之被决策者的算法解释权不存在更值得理论探讨的难点问题。因此，以下对于算法解释权的内容的探讨主要围绕以受算法自动化决策影响的被决策者为权利主体而展开。

吊诡的是，尽管算法解释权的必要性与正当性之争非常激烈，但对于算法解释权的具体实现路径的探讨却仍有待进一步推进。2017年欧洲数据保护机构在《关于自动个人决策和分析的指南》中明确指出，应该找到简单的方法，告诉数据主体背后的理由或达成决定所依赖的标准，但不是对所使用算法作复杂解释或披露完整算法。① 该规定对算法解释权的解释内容进行了一定的限定。纵览我国的相关规范性文件规定，对于算法解释权的解释内容事实上仍处于空白领域。毋庸置疑的是，如果不对算法解释权所对应的算法解释义务进行更为明确的界定和提示，不仅执法机关和司法机关在实务中难以落实相关的法律规定，义务主体也将由于缺乏明确的指导而陷入难以从事合法行为的窘境之中。

有学者提出，算法解释权的解释路径可以从"硬解释"与"软解释"两个角度入手。② 除了这种从技术可解释性角度切入的解释路径分类外，还有基于解释程度不同而划分的算法解释权分类，即系统解释与个案解释。对于前者而言，个人有权要求自动化决策者明确算法系统的工作原理。这包括解释系统如何进行自动决策，包括其逻辑、意义、预期的后果以及基本功能。具体内容可能涵盖系统需求、决策树结构、预设的模型以及应用的标准和分类方法；而对于后者则是，个人可以要求对个案决策进行解释，即要求自动化决策者解释"算法自动化决策的

---

① 参见林洹民：《自动化决策算法的风险识别与区分规制》，载《比较法研究》2022年第2期，第188页。
② 具体而言，"硬解释"是指，基于算法模型本身的逻辑，提供不能通过数值计量精确验证的图文说明；"软解释"则是指，提供对"输入—输出"之间相关关系或因果关系的量化描述。参见苏宇：《算法解释制度的体系化构建》，载《东方法学》2024年第1期，第88页。

基本原理、原因，以及限定自动决策的个别情况，如特征权重、机器定义的案例限定决策规则、有关引用或配置文件组的信息"①。相较于系统解释，个案解释更能满足决策者的权利救济需求——尽管系统解释更为全面、准确，但很难期待用户能够花费精力解读系统解释结果，进而发现算法自动化决策的技术漏洞。事实上，个案解释正是把这种填补从系统解释到个案解释结果之间缝隙的成本由被决策者转移到了算法自动化决策应用者身上。这种成本转移是否合理仍有待进一步的研究分析。

值得一提的是，通过机器进行的自动化解释能够大大降低算法解释权制度的运行成本，同时也能够起到以技术规制技术的效果，避免过高的社会制度运行成本。正可谓堵不如疏，法律制度应当发挥的作用是一种杠杆力，即借力使力，而特别应当避免的就是陷入单纯依靠法律自身的力量来塑造人们的社会行为。应当承认的是法律背后所依靠的国家强制力面对渺小的公民个体尚可引以为傲，但其要想起到重塑社会现象的作用则犹如蚍蜉撼树。当然，借力使力不意味着法律的软弱性，而是在法律资源有限，或者追求法律治理效率时，尽力降低法律实施所遇到的阻力。因此，下一步的算法解释权立法方向可以重点扩张机器解释的应用范围，进而起到激励算法自动化决策应用者探索机器解释技术的作用。

作为一项请求权，算法解释权的构成要件内容也是建构算法解释权制度难以绕开的问题。请求权基础的确定首先需要锁定能够据以向他方当事人提出请求主张的法律规范。② 有学者将《个人信息保护法》第 24 条第 3 款规定为算法解释权的请求权基础，并将其具体内容归纳为"决定通过自动化决策方式作出"与"对个人权益有重大影响"。③ 从第一个要件来看，决定是完全通过算法自动化决策完

---

① 参见丁晓东：《基于信任的自动化决策：算法解释权的原理反思与制度重构》，载《中国法学》2022 年第 1 期，第 103 页。

② 参见王泽鉴：《民法思维：请求权基础理论体系》，北京大学出版社 2009 年版，第 41 页。

③ 参见林洹民：《〈个人信息保护法〉中的算法解释权：兼顾公私场景的区分规范策略》，载《法治研究》2022 年第 5 期，第 49 页。

成的，个人对行使的算法解释权没有争议，但如果决定是算法自动化决策和人工干预的共同结果时，权利人是否还得请求获得算法解释？对于这一问题的回答需要诉诸算法解释权的制度目的。正如上文所言，算法解释权一是为了平衡技术应用者与被决策者之间的不平等状态，二是为了提高算法透明度，防止算法黑箱的出现。人工干预固然可能对算法自动化决策结果造成影响，但是否对结果造成影响其实并非算法解释权制度设计的考量因素。换言之，只要算法的不透明性会实质性地影响决策结果，或者技术应用者与被决策者之间的不平等状态事实存在，那么赋予被决策者算法解释权就符合算法解释权的制度目的。否则，算法自动化决策技术应用者很可能会通过添加人工干预的方式架空算法解释权制度，致使其丧失制度功能。

从第二个要件来看，值得探讨的问题是"重大影响"是否需要限定为"不利影响"以及何谓"重大"。就前者而言，将"重大影响"限定为"不利影响"似乎更符合算法解释权的制度目的，同时也可以减轻算法自动化决策技术应用者的解释义务与负担，但法律制度设计必然不能只考虑纸面上的逻辑自洽性与体系完备性，还应当充分考虑到其被推入社会运行机器后的可能后果。应当指出的是，如果将"重大影响"限定为"不利影响"，那么权利人就必须举证证明相应的影响是"不利影响"而非"有利影响"，而这无疑会加重权利人的举证责任。尤其是在算法自动化决策情境下，影响的主观性极强，往往不能用准确的经济尺度加以衡量。因此，将"重大影响"限定为"不利影响"很可能会大大限制算法解释权制度的效果。对于何谓"重大"而言，对于影响进行程度上的限制具有必要性。如果任由被决策者提出算法解释请求，而全然不顾相应决策的影响程度，那么技术应用者的义务负担将被无限放大，其开发、部署新技术的积极性无疑也将饱受打击。此外，更为重要的是，很可能会有借助算法解释权制度实现打击竞争对手，破坏市场竞争秩序的情况出现。因此，对影响进行程度上的限制既是保护技术创新的需要，也是防止权利被滥用的必然要求。至于"重大"的具体界定则需要等待司法与执法实践的经验总结。

四、算法解释权与算法错误反馈机制的衔接

任何一项新技术都不可避免地带来人类社会的风险增加，因而风险不是拒绝发展、应用一项技术的理由。只有出现不可控且令人难以接受的风险时，社会才有理由否定一项技术。此外，不能因噎废食，算法自动化决策固然有风险，但其之所以依然被人们所广泛使用且不断普及正是因为它能够在相当程度上节约人力，并促进生产力的发展。因此，对待算法自动化决策多元风险的正确态度是通过特定的方式为算法自动化决策所暴露出的漏洞打上补丁，而这一系列补丁将由有机组合的制度构成，既包括适用于算法自动化决策应用者的制度，也包括适用于算法本身的机制。自 20 世纪以来，人们对于科技理性的反思在不断加强，但反思科技理性不在于否定科技的价值，而在于将价值重新定位于其工具属性。从这一角度来看，算法的价值只能体现为工具价值，而不能反过来起到控制和支配人的价值。但在现实环境中，算法的强大功能已经开始逐渐挣脱其工具属性的束缚，进而直接干涉人们的行为方式。例如，为了获取更好的绩效排名，劳动者不得不根据算法的决策依据行事。然而，在约束算法时，算法设计师的力量是非常有限的，其囿于自身专业限制难以预料到算法技术被推入现实生活中后会和众多社会因素发生什么样的化学反应。因此，通过算法错误反馈机制延伸算法设计者的认知，进而从源头减少算法风险显得十分必要。

算法错误反馈机制的有效运行需要建立在算法解释权得以落实的基础上。不可否认的是，算法自动化决策逻辑具有很强的专业性，甚至于专业人士也很难通过其代码对其进行准确预测，更遑论作为被决策者的普通大众。然而，如果不了解算法的决策依据，被决策者又如何能够向算法设计者反馈有建设性的改进意见呢。通过算法解释权的行使，被决策者得以了解算法自动化决策的考量因素和决策依据，并能够结合自身现实情况推测出算法自动化决策逻辑的不合理之处。例如，如果算法自动化决策给予了用户较低的信用评价致使其难以获得信用贷款，但被决策者用户实际上的信用状况与算法自动化决策结果不相符合，那么其就可以请求算法自动化决策应用者对本次决策逻辑进行解释，进而分析问题的根源。

如此一来，私权救济与风险控制的公共利益追求就取得了一致性，个体在维护自身权益的同时又能促进算法技术的风险控制。历史实践表明，人类社会制度的进步往往是个体在追求自身利益时所带来的额外结果，而这些结果并不为人们所提前预知。从这一角度来看，算法解释权制度并不仅仅承担着私权救济的职能，还扮演着维护公共利益的角色。

第二节　算法校正与检验机制

算法自动化决策风险的重要来源就是由于缺少相关反馈，决策的逻辑漏洞往往难以获得及时的校正与检验，甚至于对现实形成巨大的塑造力，从而强行使现实贴合算法自动化决策的决策逻辑，而这也正是算法自动化决策由数学模型向社会现实横跨的重要路径。此外，当算法自动化决策逻辑存在漏洞时，数据误读问题往往随之而来。美国曾经有教育报告通过对一系列统计数据的分析进而指出美国教育系统存在重大失败。然而，在若干年后，经过桑迪亚国家实验室的研究团队的重新分析发现这份教育报告存在重大的数据误读问题，即报告结论的重要数据支撑美国学生的高考平均分在下降固然成立，但参加高考的总人数激增这一重要变量却未被充分考量。[①] 对这份报告的重新分析实际上扮演了算法校正与检验的角色，而也正是如此才使得错误的结论得到了纠正。

为了与数据更正权相区别，算法校正与检验的内容应当限于算法自动化决策模型中和机器学习中的决策逻辑错误。在《个人信息保护法》的框架下，数据更正权主要涉及对个人信息数据的准确性和完整性的修正，目的是确保在算法决策前，输入的数据是正确且无偏差的。这种权利主要作用于决策过程的输入阶段，即数据层面。数据更正权的行使能够修正决策链条前端的错误信息，防止由于数据不准确导致的不公决策。[②] 具体而言，算法校正与检验主要包括修正算法模型

---

① ［美］凯西·奥尼尔著：《算法霸权》，马青玲译，中信出版社 2018 年版，第 154 页。
② 参见唐林垚：《〈个人信息保护法〉语境下"免受算法支配权"的实现路径与内涵辨析》，载《湖北社会科学》2021 年第 3 期，第 136~137 页。

的内在逻辑错误、验证与测试机器学习模型和提高决策逻辑的透明度与可解释性。合理界分数据更正权与算法校正与检验之间的区别不仅更符合算法自动化决策的技术特征，同时也能够促进法律制度的进一步精细化，即在确立数据更正权的基础上研究是否应当进一步规定算法校正与检验机制。

然而在我国，算法自动化决策技术在数字经济环境下的应用仍然存在反馈机制与校正检验机制缺失的问题。在互联网传媒领域，平台企业所广泛采用的内容算法个性化推荐技术使得涉嫌侵权内容的传播效率同样得到了提高，即在无形中扩大了他人侵权行为的损害后果，同时也加重了对权利人利益的损害程度。尽管权利人已经意识到平台企业所应用的算法自动化决策技术对自身权利所造成的威胁，但对于以技术中立为由而拒绝承担更多义务的平台面前仍然显得束手无策。近年来，诸多著作权侵权司法案件也折射出了上述问题。囿于技术中立原则，法院在遏制日益膨胀的算法权力方面能够起到的作用十分有限。一方面，算法责任的缺失使得社会将约束算法权力的目光聚焦到了立法者的积极作为上；另一方面，算法自动化决策技术损害的权利人群体相较于平台的用户群体而言比例悬殊。易言之，一边是商业利益所系的庞大用户群体，另一边是少数受损害的知识产权权利人群体，在没有强制法律责任约束的前提下，很难寄希望于平台企业能够自觉控制对算法自动化决策技术的应用。由此不难看出，构建算法校正与检验机制对于解决算法自动化决策漏洞以及数据误读问题具有重要意义。

从目前已经出现的案例来看，可以确定的是算法个性化推荐技术作为算法自动化决策技术的一种在为互联网平台企业带来丰厚市场价值的同时，也带来了不容忽视的知识产权侵权风险。应当承认的是，互联网平台企业为算法自动化决策技术的研发和应用付出的创新成本应当得到尊重，同时关系到社会创新活力，故而不应因技术风险而要求平台企业因噎废食。然而，在肯定平台企业创新投入与收益的同时，要求其结合技术应用的实际情况，定期审核、评估以及校正算法模型势在必行。具体而言，平台企业可以对已经出现的侵权案例进行数据分析和挖掘，发现影响算法自动化决策技术进行个性化推荐的新因素和新指标，进而防止算法个性化推荐对具有较高侵权风险内容的推送。例如，自然人一般不会购买影视作品版权，而实名认证为自然人的用户上传影视作品时，平台应当禁止或至少限制算法个性化推荐技术对其的推介服务。其次，算法个性化推荐服务的重要组成部分是各类榜单的设置，而由于榜单数量有限，故而平台企业有必要采取技术上可行的模型修正方式防止具有较高侵权风险的内容进入榜单。对此，企业应当建立起算法定期校正和检验机制。最后，平台企业还可以依据国家版权局下发的预警名单作品、公司涉诉作品、版权方投诉作品等方式建立企业内部的黑名单词库，运用算法自动化决策技术在用户上传内容的第一道关口进行精准拦截，进而实现技术之善。

第三节　司法视角下的可诉算法责任

算法自动化决策所引发的众多风险中往往需要通过行政法上的主动作为进行规避，特别是算法解释权、算法审查、错误反馈制度等。行政机关的监督能够切实保障上述制度的贯彻落实，而司法则囿于其被动属性则显得力不从心，但这并不代表司法在算法自动化决策风险治理上将毫无作为。事实上，通过对算法自动化决策的技术特征分析，结合技术中立等价值取向，能够有效衔接算法自动化决策与现有法律框架中的法律责任。值得注意的是，算法责任依然是人的责任，而非算法本身的责任。法律责任的设置一是为了填平损害，恢复被不法行为所损害的合法权益，二是为了对违法者形成内心激励，促使其从事合法行为而远离不法行为。然而，算法并不会因为自己的自动化决策而获得归属于自身的利益，其并不具有偿付受害人的能力。其次，由于算法没有自由意志，且算法再生成本很低，故传统以限制人身自由为核心的刑罚体系也不能适用于算法。事实上，算法的成本主要体现在前期的研发成本以及后期的运营成本。算法的运行需要强大的算力与完善的数字基础设施，而算法本身则具有无形性的特点，因而能够在成本很低的情况下在数字环境中被无限复制。最后，介于民事责任与刑事责任之间的行政处罚因为上述同样的理由亦难以适用于算法本身。

在算法司法规制方面，"技术中立"原则是非常重要的考量因素。"技术中立"原则要求法院平等对待所有技术，不因技术的不同而进行不同的法律适用。首先，"技术中立"原则不仅有利于保护新技术的发展，也能够避免日新月异的技术对法律的稳定性造成严重冲击，维持法律的可预测性。法律的稳定预期是支持技术创新和进行技术投资的关键因素，避免挫伤技术开发者的创新积极性。其次，"技术中立"原则也能够避免法律对某一技术的偏见或偏好，维护法律判决的公正性和一致性。在实际判决中，这有助于确保面对不同技术平台和工具时，所有案件都按照相同的法律标准进行评判，无论涉及的技术如何进化或改变。例如，不论是传统的广播媒体还是基于算法推荐的社交媒体平台，法律应对其内容传播的责任有一致的看待和处理方式。最后，"技术中立"原则促进了法律对新情境的适应，允许法律在不改变其基本原则的前提下，通过解释和应用来响应技术的快速变化。这种灵活性是处理如算法自动化推荐这类涉及复杂数据处理和个性化用户体验的技术问题时不可或缺的。

　　然而，从风险控制的视角来看，算法自动化决策技术亦需要被纳入法律责任的视野中。在民事主体之间合理分配风险是民法公平原则的应有之义。[①] 如果不从司法角度设置可诉的算法责任，那么算法作为一项新技术所可能出现的一切技术风险基本要由被决策者承担，而算法自动化决策技术的应用者却可以躲在技术中立原则的背后而无须承担责任，这显然是不合理的。一方面，只有大平台才具备大规模部署算法自动化决策技术的能力，而大平台企业在风险承受能力和财力上要远高于一般人，由被决策者承担风险无疑是对这一事实的无视。另一方面，算法自动化决策应用者对于算法风险的管控能力要远高于一般人。[②] 算法自动化决策应用者拥有该技术应用的商业利益，即在一定程度上拥有对该技术的产权，尽管这一产权尚没有得到法律层面的明确回应，但在商业实践中却客观存在。权

---

　　① 参见[德]卡尔·拉伦茨著：《德国民法通论(上册)》，王晓晔等译，法律出版社2003年版，第60页。

　　② 根据波斯纳定理，如果市场交易成本过高而抑制交易，那么，权利应赋予那些最珍视它们的人；在法律上，事故责任应该归咎于能以最低成本避免事故而没有这样做的当事人。参见袁庆明主编：《新制度经济学》，复旦大学出版社2019年版，第73页。

利和义务是互相关联的，即对立统一的。① 从权利义务的辩证关系来看，权利人在享有权利的同时不可能不履行相应的义务，即不存在没有对应义务的权利，否则"权利"就将转化为"权力"。因此，当算法自动化决策应用者享有算法自动化决策技术所带来的客观利益的同时，也应当承担相应的义务，即风险分配责任。此外，相较于被决策者，算法自动化决策应用者能够以更低的成本控制算法风险。具体而言，前者控制风险的方式无疑只有拒绝，而拒绝所导致的不利后果上文已有论述，故而拒绝的风险控制成本无法为社会所接受。反观算法自动化决策应用者，其拥有充足的财力和信息优势，既能够影响算法工程师，令其从技术层面积极采取措施降低可能招致的法律风险，又能在运行中实际控制算法自动化决策的实际运行，并根据所掌握信息的动态变化而对算法采取不同的控制措施。综上，算法自动化决策被纳入法律的视野内有着充足的依据，既是公平原则的要求，也是保障技术创新与风险控制的必然之举。

一、可诉的算法责任认定困境

可诉的算法责任在认定中首先要面临算法自动化决策与损害结果之间的因果关系认定难题。自动化决策算法是高度发达的工业社会背景下复杂生产方式的又一产物。基础设施建设、算法研发、算法应用每一环节都充满着无限的不确定性。信息基础设施建设起初未必是为算法发展而铺平道路，相反可能只是为了便利于世界各地的通信联系。算法研发只是发端于对实践中机械任务的厌烦与对提升效率的需求，但最终却催生了能够进行自动化决策的更高级产物。风险难以事前预测是现代工业社会发展的重要特征，而算法自动化决策风险无疑正是这一论断的典型例证。因此，当算法自动化决策造成损害结果时，追本溯源的难度也大大提高，甚至几乎不可能。事实上，算法自动化决策与最终的损害结果之间的因果关系链条将异常复杂，任何可分离的单一原因都很难界定。严格来讲，任何纵

① 张文显主编：《马克思主义法理学——理论、方法和前沿》，高等教育出版社 2003 年版，第 300 页。

容算法自动化决策的推广应用的单位和个人都可能构成算法自动化决策风险因果链条中的一环。不得不承认的是，如果行政机关及时禁用这样一种风险较高的新技术，那么诸多损害后果不可以避免；如果司法机关放弃技术中立原则而增加算法应用者的法律义务，那么无疑也会释放出抑制相关技术应用的信号，进而降低风险水平。传统的法律责任因果关系认定条件说在应用于自动化决策算法这一复杂工业产物时所面临的困境可见一斑。

其次，当算法责任是间接侵权责任时，在认定过程中则需要面临主观过错认定难题。算法自动化决策技术功能的强大也吸引了很多不法分子借助其技术实施侵权行为。例如，行为人可能利用视频内容提供网络平台所应用的算法自动化决策技术来增加自己上传到该平台的盗版视频的传播效率，进而给著作权权利人造成更为严重的损害后果。事实上，行为人完全可以根据平台算法自动化推荐技术的推荐逻辑来调整自己视频的标签、标题以及所属分类等信息，进而使得其更容易获得被推荐机会。在这一情形中，值得研究的问题是，算法自动化推荐技术的应用者在何种程度上应当承担间接侵权责任。算法自动化推荐技术为侵权结果的发生所贡献的原因是显而易见且客观的，因而司法认定的重点和关键在于应用者是否与直接侵权者之间存在意思联络，即明知或者应知自己所应用的算法自动化推荐技术为侵权行为提供了便利条件。

二、出路的探索

对于算法自动化决策技术应用者注意义务的认定，可以借鉴美国司法实践中认定过失侵权责任的汉德公式，即通过比较预防侵权结果发生的成本与预期事故发生的可能性和损害的乘积来认定行为人是否存在主观过错。[1] 诚然，由于知识产权客体的无形性以及其价值的不确定性和难以量化性，想要精准运用汉德公式几乎不可能，但得出准确的注意义务程度数值并无必要，在大多数情况下，法院需要得出的认定结果也只是"相较于某种服务模式，算法自动化决策技术应用者

---

[1]　United States v. Carroll Towing Co., 159 F. 2d 169, 1947.

所应当承担更高或者更低程度的注意义务"这类比较结果。例如在杭州中院审结的一起侵害作品信息网络传播权案中，法院之所以认定腾讯公司没有尽到相应的注意义务，并非因为已经掌握了较为精准的注意义务衡量尺度，而是对腾讯公司所提供的服务模式与传统的没有应用算法自动化推荐技术的服务模式进行比较，进而得出前者的服务特点对其盈利能力有着较大影响，故而也应当承担更高的注意义务。[①] 对此，反对者的批评意见是，注意义务的程度关系到侵权责任的成立门槛，而应用一项具有非实质性侵权用途的技术不应成为承担不同法律责任的理由，否则就有违技术中立原则，同时也会对法律的稳定性造成巨大冲击，因为法律势必将被卷入技术迭代更新的滔滔洪流之中。

不可否认的是，利用汉德公式认定知识产权间接侵权存在一定的局限性。具体而言，互联网的传播效率使得侵权行为所造成的损害后果远高于传统场景下的侵权行为，而汉德公式所依赖的重要参数就是实际损害和发生概率的乘积。易言之，技术应用者所需要承担的注意义务在相当程度上取决于可能发生的损害结果大小，而不论其作为市场经营者是否具有足够的经济能力用以实施与损害结果相适应的预防措施。假设传统经营模式下，可能发生的损害后果为 L_1，而应用了算法技术后的损害后果为 L_2；经营者预防事故所需付出的成本为 B，而侵权事故发生的可能性假设不变，且一直为 P。如果根据汉德公式的要求，即 $B>PL$，那么当算法自动化决策将盗版信息传播效率提高 2 倍的时候，即 $2L_1 = L_2$ 时，经营者就需要为此而承担两倍的传统经营模式下的预防成本。尽管难以通过实证分析获知算法自动化决策在提高信息传播效率上的准确数值，但成倍数级提升依然是常人所能感知到的事实。然而，仅仅因为一项新技术的应用，不考虑市场经营者的盈利能力而直接要求其成倍数提高义务负担显然不合情理，容易压制技术应用的市场活力，进而阻碍技术创新。事实上，很多新技术即使在已经被广泛投入市场并应用很长时间以后，其所创造的风险转化为实际损害的概率仍然客观存在，且

---

① 参见《算法推荐治理与平台侵权责任的认定——杭州中院判决字节跳动公司等诉腾讯公司等侵害作品信息网络传播权案》，载人民法院网，https：//www. chinacourt. org/article/detail/2023/04/id/7265759. shtml，2023 年 5 月 19 日访问。

法律也并未要求技术应用者付出与损害结果相当的侵权预防成本。例如，汽车在提高人们出行效率的同时，也引发了交通事故风险。通过付出一定的预防成本，例如更为坚固的车身设计、增配安全气囊等，可以将交通事故所导致的损害后果限制在一定的概率以内，但如果要完全消除交通事故风险，使人们恢复到这项技术出现以前的风险状态，那么所需要付出的成本将是任何经济组织都难以承受的。易言之，这样一项义务要求约等于从法律层面宣判了相关技术的死刑。

对此，法院在使用汉德公式界定注意义务程度时，还应当充分考虑新技术为市场经营者所带来的经济利益。从常理来看，如果应用的新技术能够为经营者带来直接经济利益或竞争优势等间接利益，那么就应当为此而负担一定的注意义务。诚然，这样的制度设计不足以完全消除技术风险，但人类社会对于技术进步的追求和对技术进步所带来的社会福祉的满意已经充分说明了其已经接受了一定的技术风险，并同意参加一场规模庞大的技术实验。民主国家的法律制度必然需要充分反映民意，而当社会已经普遍接受技术至上的价值观时，立法者企图以家长的姿态来扼杀技术风险就显得格格不入。

三、民事责任

(一)技术中立与风险控制

相较于行政处罚与刑罚，作为法律体系中最为常见也最为轻微的法律责任，民事责任在规制新技术时能够最大限度地兼顾技术中立与风险控制两个法律价值取向。尽管自动化决策算法被学界视为一种"权力"，但商业活动本质仍是一种平等主体之间的社会活动，故算法不当自动化决策的救济应当优先挖掘民商事法律资源。然而，关于算法不当自动化决策所引发的民事权益损害是否能够引起民事责任学界和实务界仍然有较大争议。有学者从个人信息侵权角度尝试证成算法应用者应当就算法不当自动化决策承担民事责任。第一，运用算法进行自动化决策是个人信息处理者主动选择的结果；第二，个人信息处理者能够控制算法的运用；第三，工具属性是算法的根本属性，且不因其不可破译性和难以解释性而有所消减。①

从法律的制度演进来看，机动车交通事故责任就是技术中立原则与风险控制之间的经典妥协。相较于非机动车，机动车速度快，并因此而伴有较大的侵权风险。如果对两种交通工具的使用者科以相同的法律责任，那么无疑会放任机动车所引发的社会风险进一步放大。尽管机动车的出现极大地便利了人们的出行，增进了社会之间的联系，但人们显然不能被科技进步所带来的好处所冲昏头脑，进而罹患风险失明症。② 只着眼于生产力优势的社会很可能将迷失正确的前进方向，进而在歧途中不断踯躅。从当前的机动车交通事故责任设置来看，无过错但不超过 10% 的责任比例既使得机动车生产者、驾驶人等不会因为承担过重的侵权责任而丧失对这一技术的兴趣，也不会导致社会大众因为机动车的广泛使用而承受过高的风险。推而广之，从司法角度考虑算法责任时必须充分兼顾技术中立原则与风险控制两个价值维度，既要保护新技术的进一步发展与应用，进而赋能社会，也要将新技术所导致的新风险控制在一定的限度内。

自动化决策算法本质上仍然是一种工具，需要由人来加以部署、使用及维护，因而让算法本身承担民事法律责任并无意义。然而，在算法自动化决策造成民事权益损害时，相应的民事责任亦难以归责于算法背后的使用者，故如何根据算法自动化决策技术特点探究可行的司法认定路径具有重要的现实意义。民事责任的承担需要存在请求权基础，以下将围绕合同请求权、侵权请求权等分别展开分析。

（二）基于合同的算法责任

实践中，由于需要收集用户个人信息，商业场景下的算法自动化决策的应用

---

① 参见王叶刚：《个人信息处理者算法自动化决策致害的民事责任——以〈个人信息保护法〉第 24 条为中心》，载《中国人民大学学报》2022 年第 6 期，第 49~51 页。

② 风险社会理论的提出者乌尔里希·贝克认为，现代工业社会中人们由于科技进步带来的种种福祉而患上了受系统制约的风险失明症，忽视了科技进步同时带来的风险扩张。参见[德]乌尔里希·贝克著：《风险社会：新的现代性之路》，张文杰、何博闻译，译林出版社2018 年版，第 63 页。

必须在用户知情的情况下得到其明确的同意，而这种同意就构成了民法意义上的合同。因此，算法不当自动化决策的民事责任不仅包括侵权责任，也包括基于合同而产生的民事责任，即侵权之债与合同之债的竞合。然而，传统的民事合同之债由于其并非针对算法自动化决策而设计，故其能否完全适用于后者依然有待进一步的探讨。

第一，合同效力是民事合同制度的重要组成部分，即针对当事人意思表示瑕疵而设计的使合同归于无效或者可撤销的法定事由。在我国，合同无效的事由主要包括合同当事人无民事法律行为能力、合同内容违反法律的效力强制性规定以及合同当事人意思表示不真实等。本质上来看，合同效力制度是法律对现实生活中的合同进行的评价。① 尽管每一个民事主体都应当拥有合同自由，但法律显然不可能不加限制地保护所有的合同，特别是可能损害第三人权益以及社会公共利益的合同约定。因此，合同效力制度实际上意在对合同自由进行合理的限制，但限制并不意味着能够救济不公。一方面，在算法不当自动化决策情形中，需要救济的恰恰是已经受到损害的民事权益。另一方面，算法自动化决策应用者与被决定者用户之间的合同能够促进相关技术的发展与完善。在科技飞速发展的现代社会中，提前进行充分的实验并确保技术没有缺陷是可遇而不可求的，尽管其表面上能够使得人类社会前进的步伐更为稳重扎实，但科技发展迟缓所带来的副作用将远大于人们所期望的益处。因此，只要新技术并非旨在用于侵权，那么就构成实质性非侵权用途，符合技术中立的价值取向，也应当得到社会和司法者的认可。

第二，现有合同法制度在算法自动化决策中面临的一个重大挑战是合同义务履行的复杂性和不确定性。传统合同法立法设计是基于合同义务的履行的明确性和可预期性。然而，算法自动化决策的引入使得这一过程变得不再透明和可控。算法的自动化和复杂性使得当事人难以在合同签订时明确预见算法可能带来的所有后果，特别是在算法具有自我学习和调整功能的情况下，决策结果可能偏离最

---

① 参见韩世远著：《合同法总论》，法律出版社 2011 年版，第 152 页。

初的预期目标。现行的合同法制度更多的是为传统的线性和可预测的交易模式设计的，这种模式下的合同义务相对明确且易于履行。然而，算法自动化决策所涉及的技术特性，如数据驱动的决策过程、不可预测的输出结果等，可能导致合同目的无法实现，或合同履行过程中出现难以控制的变量。这种情况下，现有合同法中的履行标准难以涵盖算法决策所带来的不确定性和复杂性，从而使得受害方难以通过合同法寻求有效的救济。

第三，合同解除权在算法自动化决策所引发的权利救济情景中存在适用困境。合同解除权作为当事人应对违约行为的重要法律手段，在算法自动化决策中同样面临适用困境。传统合同法中，当合同一方未能履行合同义务，导致合同目的无法实现时，另一方通常可以行使合同解除权。然而，当算法自动化决策导致合同目的无法实现时，现有的合同解除标准可能难以适用。算法自动化决策的不可预测性和复杂性，使得判断算法行为是否构成违约变得异常困难。算法的决策过程往往是动态的，随着时间的推移和数据输入的变化，算法可能会自我调整，这种调整可能导致决策结果的不可预见性。在这种情况下，现有合同法制度中的解除权行使标准（如实质违约或合同目的无法实现）可能无法有效应对这种动态和复杂的决策过程，导致受损方无法及时获得救济。此外，算法自动化决策的决策结果可能具有不可逆性，某些决策一旦作出，就难以通过解除合同来逆转或纠正。例如，算法在合同执行过程中作出的某些不可撤销的决策可能导致合同解除权的行使失去意义。在这种情况下，合同解除权作为一种救济手段，可能无法充分应对算法决策带来的后果。

因此，尽管在现有的法律框架体系内，算法不当自动化决策可以通过合同法律规范寻求权利救济，但这种方式终究只是一种法律适用上的妥协和权宜之计。当前的合同法并非专为应对算法自动化决策而设计，其条款和原则更多地服务于传统的、明确的契约关系。当面临算法决策带来的复杂性和不可预测性时，传统合同法的适用显得力不从心，这种局限性无法彻底解决由算法决策引发的权利侵害问题。从长远来看，算法自动化决策这一日益普及的技术必然会对传统合同法律制度产生深远的冲击，推动现有法律体系向新的方向发展。一种可能的趋势是，传统合同法将逐步被重新解读和调整，以适应算法时代的特殊需求，形成新的法律规范和司法实践。这种"法律演进"过程虽然可能缓慢，但有助于法律体系保持连续性和稳定性，避免法律突然变动带来的社会成本。另一种可能性则是立法者选择针对算法自动化决策进行专门的民事立法。出台专门立法有助于解决现有法律框架下难以应对的特殊问题，为算法决策引发的合同纠纷和权利侵害提供明确的法律依据。然而，有必要指出的是，专门立法虽然可以在短期内填补法律空白，但也可能带来新的问题。首先，专门立法的制定可能反映出立法技术的不成熟，过于细化的法律规定可能在技术快速发展的背景下迅速过时，难以跟上技术变化的步伐。其次，专门立法的出台可能导致法律体系的复杂化和冗余化，增加法律适用中的不确定性，甚至引发"马法之争"，即法律之间的冲突和不一致性。

（三）基于直接侵权的算法责任

由于企业所应用的算法自动化决策损害他人的民事权益，而且缺乏与直接侵权人之间的意思联络而难以构成间接帮助侵权，故直接侵权责任成为了学界研究的另一种算法风险的司法规制路径。虽然直接侵权责任的核心在于侵权行为是否由侵权主体直接实施，但平台的服务功能已经经历了重大变化，并从单纯提供内容存储和分发服务的"通道"逐渐转变为对传播内容具有较强控制能力的"出版者"角色。在这种情况下，平台主动推荐侵权内容的行为本质上已经超越了"帮助"的范畴，而更接近于直接侵权。[1] 因此，当平台利用算法推荐技术有意图地促进侵权内容的传播，并从中获得直接商业利益时，其行为应当被视为直接侵权，而非仅仅是帮助侵权。至于平台在何种情况下能够成为"出版者"而非单纯的"通道"，则应当考量算法自动化推荐系统的具体作用。如果平台通过算法推荐系统主动扩大了用户上传内容的传播范围，并且在某种程度上具备了识别侵权

---

[1]　参见崔国斌：《论算法推荐的版权中立性》，载《当代法学》2024 年第 3 期，第 55~69 页。

内容的能力，那么即便平台在形式上没有直接参与内容创作，其主动推荐行为仍可能构成直接侵权。特别是当平台从侵权内容的传播中获得明显的经济利益时，平台的主观过错更为明显。

除了理论层面的探讨，实务中也曾出现过以直接侵权的认定思路来解决间接侵权难以成立，但被告的行为确实给权利人的权利损害造成了重大影响的问题。例如，在最高人民法院审理的某案中，被告公司在短短一年间向多位原告公司发包工程共计 2.65 亿元，并骗取"质保金"560 万元。在该案中，法院认为，虽然某市市政府在本案侵权纠纷中，没有与侵权人华美公司形成共同的意思联络，不构成侵权的共同故意，但是因为其在整个项目的实施过程中，通过授权委托承建、不实扩大宣传、提供虚假投资证明以及提供经济担保等行为，客观上为华美公司实施侵权行为提供了帮助，因此，需要就华美公司给 30 家上诉人造成的财产损失承担相应的赔偿责任。[1] 从民法典侵权编的框架出发，尽管算法不当自动化决策会在客观上造成权利人的民事权益损害，但由于没有规定特殊的算法侵权责任，故基于侵权的算法责任依然需要满足《民法典》第 1165 条关于一般过错侵权的规定，即需要证明算法应用者存在过错，且算法自动化决策与被决策者的民事权益损害之间存在因果关系。然而，适用一般过错侵权规定会导致三个司法认定上的难题。[2]

首先，算法应用者对于算法不当自动化决策的主观过错难以认定。算法决策往往是基于复杂的数据处理和自动化流程，且这些流程通常缺乏透明性，这使得应用者的具体行为难以追溯和界定。即便在一些情况下，算法的设计、开发或使用确实存在过失，也很难明确这些过失是否直接导致了决策错误。这种技术上的不确定性与法律上对主观过错认定的高要求之间存在明显的张力，导致在司法实

---

① 参见最高人民法院民事审判第二庭编：《商事审判指导参考》（总第 26 辑），人民法院出版社 2011 年版，第 247 页以下。

② 在国外，欧盟最新的版权指令立法也在很大程度上背离了传统的帮助侵权的立法思路，并已经接近将内容分享平台视为版权内容的直接传播者。Pamela Samuelson, *Pushing Back on Stricter Copyright ISP Liability Rules*, Michigan Technology Law Review, Vol. 27, No. 2, 2021, pp. 317-329.

践中，法官难以依据传统的过错标准对算法应用者进行责任认定。

其次，被决策者的权利损害往往是一种消极损失，即可得利益损失，但可得利益损失的救济即使是在其他的民事侵权情形中也很难加以认定。在算法自动化决策中，被决策者的权利损害往往表现为失去了一种潜在的机会或利益（如贷款被拒、招聘机会被取消等）。然而，这种损失的救济在民法中一向是复杂而棘手的。首先，因果关系的复杂性使得这种损失难以量化。其次，即使在其他更为常见的侵权情形下，法院在处理可得利益损失时也通常持谨慎态度，要求较高的证明标准。因此，在算法自动化决策中，由于算法决策本身的非透明性和决策过程的高度复杂化，证明算法应用者的决策直接导致了具体的可得利益损失将更加困难。即使法官认定这种损失存在，确定其具体数额也将面临巨大的困难。

最后，算法自动化决策与被决策者的权利损害之间的因果关系认定亦存在问题。由于算法自动化决策过程涉及复杂的计算和数据处理，往往难以明确算法的决策与被决策者的具体损失之间的直接联系。例如，一个贷款申请被拒，可能不仅是因为算法的决策，还可能与申请人自身的信用记录、市场环境等多种因素相关。对于法官而言，如何在多因一果的情况下，确定算法自动化决策与权利损害之间的直接因果关系，是一个巨大的挑战。这种认定困难使得被决策者即便遭受了损害，也难以通过司法途径获得救济。

（四）基于公平原则的算法责任

公平原则是我国《民法典》所明文规定的基本原则之一，同时也是矫正由于经济地位和社会地位不平等所造成的弱势一方与强势一方在事实层面的不公平的重要制度设计。从抽象的、平等的法律人格到具体的、不平等的人是近代民法到现代民法转变的重要特征。[①] 公平原则是实现这一制度转变的重要体现。通过对"强而智的人"科予更高的法律义务，进而保护"弱而愚的人"不至于处于不公平

---

① 参见［日］星野英一著：《私法中的人》，王闻译，中国法制出版社 2004 年版，第 50 页。

的民事法律关系之中，公平原则得以在一定程度上促进交换正义和分配正义。①
鉴于算法自动化决策场景中技术应用者与被决策者在经济地位和社会地位上的差异，作为"弱而愚的人"的被决策者有充足的理由通过公平原则救济自身权利，而具体的路径则包括基于显失公平而请求撤销合同、基于公平责任而获得损害赔偿。

首先，诉诸显失公平而请求撤销合同主要建立在公平交易关系的前提下。在电子商务场景下，买卖合同的双方当事人亦应当维护公平交易关系，而不能利用自身的优势条件损害他人的民事权益。根据《民法典》第151条规定，算法自动化决策的被决策者可以基于算法自动化决策应用者利用其缺乏判断能力和自身信息优势作出显失公平的民事法律行为为由请求撤销合同。有学者提出，算法自动化决策对当事人的影响并非一过性的，其仍然会在之后反复作出不利于当事人的自动化决策，故仅撤销一次合同并不能真正实现权利救济。② 此外，撤销合同仅仅是取消了一次交易，并不会给算法自动化决策技术应用者带来积极的利益负担，难以构成市场经营者应用算法自动化决策技术损害消费者权益的坚实阻力。

其次，我国民法公平原则在侵权责任中的体现就是公平责任。一般认为，设置公平责任的目的往往在于帮助受害人更容易获得侵权损害赔偿，或者鼓励企业提高其活动的安全性。③ 此外，公平责任也具有鲜明的道德规范法律化的特点，能够体现民法体恤贫弱的道德理念。④ 还有观点认为，公平责任亦具有危险责任的特征。⑤ 上述所列公平责任制度的价值追求非常符合算法自动化决策场景中的当事人情况。一般来讲，能够应用算法自动化决策技术进行商业活动的市场经营者往往具有较强的经济实力，同时也能够通过自己的议价能力对算法技术研发者

①　参见易军：《民法公平原则新诠》，载《法学家》2012年第4期，第59、66页。
②　参见张凌寒著：《权力之治：人工智能时代的算法规制》，上海人民出版社2022年版，第252页。
③　[澳]彼得·凯恩著：《侵权法解剖》，汪志刚译，北京大学出版社2010年版，第57页。
④　参见王伯琦著：《民法债编总论》，台北"国立"编译馆1956年版，第89页。
⑤　转引自王泽鉴著：《侵权行为》，北京大学出版社2016年版，第19页。

形成较强的影响力，即当算法自动化决策风险转化为实害结果时，算法自动化决策技术应用者既有能力弥补受害者的损失，同时也能够要求上游技术研发者完善相应技术，进而避免自身承担侵权责任。与合同中的因显失公平而撤销合同相比，公平责任能够使算法自动化决策技术应用者承担积极的利益负担，进而增强其完善技术的动力。

然而，尽管公平系法律的基本价值追求之一，而公平原则亦属于民法的基本原则之一，但公平责任因其自身的种种特点，并不能够作为承担损害赔偿责任的一般归责事由。从我国《民法典》的具体规定来看，立法者特别规定了几种公平责任。鉴于我国《民法典》侵权责任编第 1165 条和第 1166 条的规定，过错系承担损害赔偿责任的一般归责事由，如无法律特殊规定，那么就不应承担过错推定或无过错责任。因此，尽管适用公平责任能够起到规制算法风险的效果，但其在司法适用中的技术可行性却非常低。对此，最为有效的办法便是由立法者直接规定特殊的算法风险引发的公平责任。然而不得不承认的是，技术风险在数字经济时代已经变得格外突出，各类技术风险层出不穷。如果只规定算法风险责任，难免落入"马法"的窠臼，而且与技术中立原则相悖，而如果规定灵活性较强的技术风险公平责任，那么难免造成公平责任的频繁适用，进而对以过错责任为主的侵权责任体系造成巨大冲击。

再有，波尔金在算法社会下的三点法律构想中提出应当规定算法技术应用者对算法风险的控制义务。具体而言，算法责任应当类似于美国侵权责任法上的妨害责任（Nuisance）。[①] 妨害责任分为公共妨害（Public Nuisance）和妨害私产（Private Nuisance）：公共妨害是对公众所共有的权利的不合理干扰，而妨害私产则是对于他人使用土地的不合理干扰。[②] 然而，波尔金进一步指出，算法妨害责

[①]　原文表述为："A public duty not to engage in algorithmic nuisance"。参见 Balkin, J. M., *2016 Sidley Austin Distinguished Lecture on Big Data Law and Policy: The Three Laws of Robotics in the Age of Big Data*, Ohio State Law Journal, Vol. 78, No. 5, 2017, pp. 1232-1233.

[②]　参见［美］文森特·R. 约翰逊著：《美国侵权法（第五版）》，赵秀文等译，中国人民大学出版社 2017 年版，第 208 页。

任并非传统普通法意义上的妨害私产责任，因为算法自动化决策技术应用者并不存在对不动产的实际使用，而这正是传统妨害私产责任所具有的显著特征。

关于设立算法妨害责任的理由主要有三点：一是技术本身无害，但使用技术的人却可能存在过错。为了实现特定的目的，算法自动化决策技术应用者完全有可能损害到不同群体的权益，而有些损害很容易识别，但更多的损害则往往更为隐匿。事实上，完全有可能存在这样的情况，即不当的算法自动化决策技术应用会对无辜的社会成员产生外部性成本，而这足以构成侵权责任法意义上的妨害责任。美国妨害责任的扩张已是不争的事实，尽管这种趋势并不总是反映在判例法中。事实上，妨害责任的扩张能够通过对造成外部性成本远高于外部性收益的行为人形成压力，进而促使其改善自身行为的外部性成本，避免过多地损害社会公共利益。[①] 不可否认的是，尽管算法自动化决策技术的应用在社会层面造成了诸多风险，但却很难认定技术应用者存在过失、恶意等主观过错，特别是对于具备机器学习能力的算法技术，故很难对技术应用者追究侵权责任。二是算法损害存在不同程度，具体取决于对人们数字身份的数据整理、分析和决策的影响程度。易言之，算法损害在大部分情况下并非"有"或"无"，而是损害程度有多深。[②] 例如，在认定算法歧视时，重要的问题是受到歧视的程度，而非有无受到歧视。一方面，评价算法自动化决策技术应用者的操作会造成歧视抑或非歧视的标准很难界定；另一方面，算法自动化决策技术应用者的何种操作最后导致了歧视效果也很难认定。三是类比适用妨害责任有助于理解算法风险实际上源于一系列公私主体活动的数字化。算法自动化决策风险根植于人们活动的数字化，而后者程度越高，前者的风险程度也就越高。在数字经济时代，人们在现实生活中拥有身份的同时，也在数字环境中拥有了数字身份；人们在现实生活中开展活动的同时，也在数字环境中实施诸如发表言论、购物、娱乐等活动。即使某些活动无法在数字

---

① Hylton, Keith N., *The Economists of Public Nuisnace Law and the New Enforcement Actions*, Supreme Court Economic Review, Vol. 18, No. 1, 2010, pp. 43-76.

② Selbst, Andrew D., *Disparate Impact in Big Data Policing*, Georgia Law Review, Vol. 52, No. 1, 2017, pp. 148-149.

环境中完全展开，但人们的数字足迹也足以暴露其在现实生活中从事这些活动的偏好细节。例如，尽管人们没办法在互联网中真正播种和收获作物，但线上农场却为那些无法在现实生活中——至少是不大方便——实施这类活动的人提供了体验的机会，而参与者的相关偏好则会完成数字化，并被存入某个数据库中。这一系列的活动数据最终将形成某个现实生活中的人的专属数字身份，而自动化决策算法则会通过对其数字身份的分析推测其购物偏好、出行路线偏好，乃至于宗教信仰倾向等。单纯的数据分析并不足以影响人们的实际权益，但当这些数据分析服务于用人单位挑选雇员、金融机构发放贷款、法官认定被告人是否构成犯罪等活动时，情况就将大不一样。

第四节　算法自动化决策拒绝权

在数字经济时代，算法权力的急剧扩张既需要公法上的及时介入与法律责任的科学分配，同时也需要引入介于算法权力与公民自主性之间的对抗性平衡机制，即算法自动化决策拒绝权。自动化决策拒绝权作为个人信息权利的一种具体形式，是赋予数据主体在一定条件下拒绝自动化决策并要求人工干预下的二次决策的权利。[①] 从更广泛的社会正义和伦理视角来看，拒绝权的设立不仅是一种法律义务，也是一种道德责任。算法在决策中的作用越来越大，甚至在某些情况下取代了人类的判断。这种情况下，确保算法决策的公正性和透明性，保障个人在面对不公决策时的反抗权，已经成为社会的一种道德责任。拒绝权的设立反映了社会对算法治理的道德期待，强调了技术进步必须与社会伦理相一致，不能以牺牲个体权利为代价。

一、算法自动化决策拒绝权的法律渊源与正当性基础

从实证法的角度来看，欧盟 GDPR 第 22 条率先确立了算法自动化决策拒绝

---

① 李晓辉：《自动化决策拒绝权的属性、功能与限度》，载《法学》2024 年第 7 期，第 15 页。

权，但其适用范围较为有限，仅适用于那些对个人产生法律效力或具有类似重大影响的全自动化决策。这意味着，只有在决策完全由算法自动化作出，且没有任何人工干预的情况下，数据主体才可以行使拒绝权。有学者指出，GDPR 第 22 条虽然赋予了数据主体在面临全自动化决策时的拒绝权或"脱离权"，但由于实际应用中，自动化决策往往难以完全脱离人工干预，导致该权利的适用范围被大幅度限制。尤其是在自动化决策涉及复杂的数据处理和算法运算时，数据主体很难实际行使这一权利。① 相比之下，《个人信息保护法》第 24 条第 2 款明确规定，个人有权拒绝基于个人特征的自动化决策，特别是在差别定价和个性化商业推送的场景中，这一规定并未局限于全自动化决策。第 3 款进一步规定，个人在面临仅通过自动化决策作出的决定时，有权要求不受该类决策约束，并有权要求信息处理者提供人工干预。这一规定涵盖了不仅是全自动化决策，而且包括所有可能影响个人权益的自动化决策，体现了更为广泛的保护范围。

算法自动化决策拒绝权的正当性可以从多个方面得到证成。首先，随着算法自动化决策在金融、医疗、公共服务等关键领域的广泛应用，个体越来越多地面临由算法主导的决策结果。这些决策虽然提高了效率，但也暴露出不透明性和潜在偏见的风险，对个人权利构成了重大威胁。张建文指出，反自动化决策权的核心在于保障数据主体能够质询和拒绝不公正的算法决定，特别是在算法决策过程中存在不透明性和潜在偏见的情况下。拒绝权的设立不仅是对数据主体自主权的保护，也是应对算法决策潜在风险的重要法律工具。其次，技术中立原则与人权保护之间的冲突进一步证明了拒绝权的必要性。传统的技术中立原则认为，技术本身是中立的，其应用效果取决于使用者的行为和意图。然而，随着算法在决策中的深度应用，这一原则的局限性逐渐显现。张欣的研究指出，免受自动化决策约束权的提出，反映了算法可能对人权带来的潜在侵害。技术中立原则在操作中往往忽视了算法决策过程中可能引发的系统性偏见和歧视，这与现代人权保护理

---

① 参见唐林垚：《"脱离算法自动化决策权"的虚幻承诺》，载《东方法学》2020 年第 6 期，第 22 页。

念存在根本冲突。① 因此，基于人权保护的需要，设立算法自动化决策拒绝权具有充分的正当性。

二、算法自动化决策拒绝权与其他算法权利的竞合与厘清

从制度目的来看，反自动化决策权的核心在于保障数据主体在面对自动化决策时能够质询和拒绝不公正的算法决定，尤其是在决策过程中存在不透明性和潜在偏见时。现行的合同法和侵权法在应对算法决策带来的新挑战时存在明显不足，特别是算法的不透明性和不可预测性使得传统法律框架难以充分保护个人权利。在这种背景下，构建算法透明性机制和加强监管，进而应对算法自动化决策对消费者和用户隐私的潜在影响显得至关重要。② 相较于算法自动化解释权，算法自动化决策拒绝权使得公民可以在面临算法自动化决策时，直接拒绝接受依赖于算法而生成的决策，并请求进行人工干预或二次人工决策。质言之，免受自动化决策约束权更侧重于在事后阶段为数据主体提供对抗算法操控的防御机制。如果说算法自动化决策权是促进算法自动化决策技术发展与保护公民权益的妥协，那么算法自动化决策拒绝权就是明确倒向保护公民权益的立法态度。从理论上来看，赋予公民算法自动化决策拒绝权似乎宣告了相关技术的死刑，但在实践中，由于算法自动化决策技术所带来的巨大成本优势和效率优势，一般社会人依然会将日常生活中的大部分事项交由算法自动化决策，而将小部分自身更为在乎的事项留有人工决策的空间，故而算法自动化决策技术仍将保有相当规模的市场量。

尽管与其他算法权利存在竞合与混同的争议，建构算法自动化决策拒绝权依然有利于形成包括信息知情权、数据更正权，以及算法解释权在内的针对算法自动化决策技术的多层次权利保护机制。这一框架的核心在于将各类权利进行有机整合，形成一个互相支持的权利网络，以全面保护个人在数字经济中的数据主权

---

① 参见张欣：《免受自动化决策约束权的制度逻辑与本土构建》，载《华东政法大学学报》2021 年第 5 期，第 29 页。

② 参见孙跃元、许建峰：《商业算法自动化决策的私权构建与实现》，载《中州学刊》2024 年第 2 期，第 71 页。

和决策权。在这一多层次权利保护机制中，算法自动化决策拒绝权能够起到整合各类权利的作用。由于现实社会中的公民在选择是否行使算法自动化决策拒绝权时往往伴随对一系列具有利害关系因素的考量，故算法自动化决策拒绝权并不能单独存在，至少只有在与其他权利相配合的情况下才能发挥出其应有的制度导向作用。首先，知情权是拒绝权行使的前提条件。在数字经济中，算法自动化决策通常涉及复杂的技术过程，个人往往难以了解其数据如何被使用以及算法自动化决策的逻辑。如果个人对这些信息一无所知，那么拒绝权将无从谈起。知情权确保个人在面对算法自动化决策时，能够获取足够的信息，包括算法的用途、数据来源、决策标准等。其次，算法自动化决策更正权的有效行使能够打消权利主体行使拒绝权的行使动机，进而起到保护公民权益与促进技术发展的有机结合作用。算法自动化决策的公正性建立在准确的数据基础上，如果算法所依据的数据存在错误，决策的结果往往也是错误的。更正权能够确保个人的数据是最新和准确的，防止算法基于错误数据作出不利决策。例如，如果某人信用评分因错误逾期记录而降低，那么其就可以行使更正权来修正相关错误，从而避免算法决策基于错误的信用评分。最后，算法决策的黑箱性常常使个人难以理解决策的依据，这种不透明性可能掩盖了算法中的偏见或错误。解释权赋予个人了解算法决策逻辑的权利，使个人能够更好地判断算法是否合理，从而决定是否行使拒绝权。

算法自动化决策拒绝权不仅是一种被动的权利救济手段，更是一种积极的制度设计，旨在预防和控制算法带来的潜在风险，从而在源头上推动技术的规范和向善发展。在数字经济时代，算法权力的急速扩张与技术发展的日新月异密不可分。然而，这种技术进步带来的风险并非源自技术本身的中立性，而是由于现有法律制度对其规制不足，导致技术在未经约束的环境中迅猛发展，进而引发了一系列社会问题。技术本身并不包含价值判断，但当技术脱离社会应用场景时，它也不会自动进入法律制度的监管范畴。因此，这种技术中立的论断只是在理想状态下才成立。围绕风险社会而构建的法律体系不断发展完善，而在这一过程中，法律规制的策略经历了两方面的显著转变。一方面，法律介入技术风险的时间点逐步前移，越来越多的规范开始着眼于行为责任，而不仅仅是传统意义上的后果责任。这种转变体现了法律从事后惩罚向事前预防的转变，目的是通过早期干预来减少潜在的负面影响。另一方面，法律规制的重点也逐渐从单纯规制技术应用，扩展到规制技术的研发过程，甚至通过对技术应用的严格规范，间接影响技术研发的方向和标准。算法自动化决策拒绝权的提出，正是这种法律规制理念转变的具体体现。它不仅为个人提供了在面对算法决策时的一道保护屏障，还通过赋予个人拒绝不公决策的权利，从制度上限制了算法的滥用。这种权利的设置迫使技术开发者和应用者在技术研发和应用过程中，更多地考虑社会影响和法律后果，从而在源头上促进技术的良性发展。通过这种方式，算法自动化决策拒绝权不仅实现了对个人权利的保护，也推动了整个技术生态系统向更加公平和可持续的方向发展。

三、算法自动化决策拒绝权的本土化建构

首先，拒绝权的建构需要通过完善的法律框架予以支持。在数据保护和隐私保护法中，需要明确个人在面对自动化决策时的拒绝权。具体而言，法律应明确规定个人在算法决策中的参与权，包括对决策过程的质询权和对不公正决策结果的拒绝权。从权利主体角度来看，算法自动化决策拒绝权的主体应当是所有受到算法自动化决策影响的个人。具体来说，这包括在商业、公共服务、金融、医疗等领域中，由算法自动化决策直接影响的消费者、用户、公民和患者等。当然，在某些情况下，一组个体可能因算法决策而受到集体影响（如特定社群的信用评分、就业筛选等），在这些情况下，集体也可以作为拒绝权的主体，提出集体诉求。从权利客体来看，算法自动化决策拒绝权的客体主要应当是指个人有权拒绝的具体算法决策及其带来的影响。

其次，算法自动化决策拒绝权的客体主要包括算法决策的过程和结果。个人有权拒绝不透明或不可解释的算法决策过程，特别是当算法的运行逻辑、数据来源和处理方式对个人不透明时。同时，当算法决策结果直接影响个人权利或利益时，个人有权质疑并拒绝这一结果，尤其是在决策结果具有偏见、错误或不公正的情况下。拒绝权的内容应包括质询权、拒绝权、救济权和数据更正权。权利主

体有权质询算法决策的依据、过程和结果，要求算法开发者或使用者提供充分的信息以解释决策逻辑和标准。在质询后，个人有权拒绝不公正或不合理的算法决策结果，并有权要求人工复核或调整算法参数，以确保决策的公正性。同时，当因算法决策受到侵害时，个人应有权通过法律途径获得救济，包括诉讼、调解等，追究算法应用者的责任并要求赔偿。此外，个人还应有权要求更正算法所使用的错误或不完整的个人数据，以确保算法决策的准确性。

最后，算法自动化决策拒绝权的行使应当基于一定的前提条件，具体包括影响显著性、决策自动化程度、信息不对称性和法律与伦理考量。拒绝权主要适用于对个人权利或重大利益有显著影响的算法决策，特别是在涉及信用评分、就业筛选和医疗决策等方面。同时，拒绝权应适用于完全或主要依赖算法进行的自动化决策，而在混合决策模式中，拒绝权的适用范围可能需进一步界定。当算法决策的依据和过程对个人不透明或难以理解时，拒绝权应得到优先保障，以应对算法决策带来的潜在风险。此外，适用前提还应包括对算法决策的法律合规性和伦理标准的考量，确保在算法决策违反现行法律或伦理规范时，个人有权拒绝并寻求救济。

第四章　欧美规制算法自动化决策的经验研究

算法自动化决策存在算法偏见与泄露信息等风险，侵犯用户的平等权和隐私权，在具体场景中可能制造信息茧房，侵犯用户的知情权，在实质上剥夺其自由选择权。《中华人民共和国个人信息保护法》虽然对其进行了一定规制，但其规制的对象、侵权判断标准、救济路径等仍存在模糊的地方。结合香港特区和欧盟等地的相关规定，应当明确规制的对象为服务型自动化决策，规制的内容为自动化决策结果的公平公正，重大影响的判断则应当综合分析。在数据收集方面，应当引入必要性原则，同时赋予数据主体解释权与脱离自动化决策权。算法行政的架构原理基于三个层面依次发生。政府通过平台化改造将自身重置为规制权力技术设施的数字化连接点。智能时代的分布式信任和信息权力的再分配致使专家意见逐步让位于数据和算法。在大数据数字技术飞速发展使得法律法规得以数字化解析的背景下，数据以一种全新的知识产权集合体的形式呈现出来。① 在信用监管创新的时代背景下，我国以统一社会信用代码为基础构建多类信用信息平台，以信用画像建模推动信用治理自主化和全周期化发展，并着力打造指数化和智能化的分级分类监管工具。算法行政虽然智能高效，却可能在决策透明度、问责度和公正性层面存在风险。对于我国而言，必须明确算法决策在行政领域应用的基本原则，充分保障相关当事人的合法权益，通过实施事前影响评估和事后审计机制等法制手段来规制自动化决策算法风险。

---

① 参见张欣：《算法行政的架构原理、本质特征与法治化路径：兼论〈个人信息保护法（草案）〉》，载《经贸法律评论》2021 年第 1 期，第 21~35 页。

这些年来，由于强人工智能技术取得的长足发展和算法自动化决策随着强人工智能技术取得的长足发展和机器学习理论的逐步完善而开始逐步提高工作效率，节约决策时间，但是带来的伴生性难题就是"信息茧房"效应和"算法杀熟"现象等，这不仅容易使人盲目自信和目光短浅，还严重地损害了社会的公平正义。[①] 法律对于算法自动化决策的监管应重点确保决策的合理性和公正性，以防止算法带来的歧视现象。在我国数据法规尚未完善的背景下，借鉴欧美国家在此领域的先进治理经验显得尤为重要。我们需要全面评估算法自动化决策可能隐藏的风险，并结合国情，主动探索适合我国特色的法律框架，以有效规范这一技术的应用，确保其在促进社会公平与正义方面的积极作用。

第一节　算法自动化决策的现实危害剖析

在人工智能成为全球竞争新高地的时代，数据和算法受到全球范围内的广泛重视。随着算法的快速研发和广泛应用，其伴随的风险也在不断累积。尽管存在这些潜在问题，但在当前主导的"技术中立"观念下，这些问题往往被忽视，导致监管措施未能跟上技术的发展速度。特别是在近几年，随着算法自动化决策在多个行业的推广，其弊端逐渐显现，促使社会对算法决策的合理性和公正性的讨论越发热烈。

一、算法自动化决策导致"信息茧房"风险

当"信息茧房"效应形成后，它会悄无声息地增加多种风险。这种效应是由算法基于用户的浏览数据作出自动化决策并推送定制化内容产生的，虽然这看起来似乎满足了用户的需求，实际上却可能将用户限制在了一个狭窄的认知空间内，俗称"井底之蛙"。由于人的注意力本身有限，用户很快就会习惯于这些精

---

① 参见孙建丽：《算法自动化决策风险的法律规制研究》，载《法治研究》2019年第4期，第108~117页。

心策划的信息流。随着时间的推移，当习惯形成后，用户对于信息的接受变得具有选择性，可能导致对未被呈现的信息领域知识的忽视，甚至出现邓宁-克鲁格效应，即过分自信而缺乏全面视角。这种单一的信息流动最终可能模糊甚至淡化用户对现实社会的全面感知，进而使他们在面对广泛的信息时处于劣势。而且，声室效应和同质化效应也会被自动化算法打造的"信息茧房"所引动。在"信息茧房"中，相似的信息针对用户个体会不断反复，将用户的价值观扭曲为特定的碎片化认知，影响用户对于现实的正确判定，多元信息和自由信息的流动空间受到严重限制。除此之外，声室效应和同质化效应也会被自动化算法打造的"信息茧房"所引动。当用户群体变得同质化时，他们倾向于忽略或排斥与自己认知不符的信息，从而形成了一种众口一词的现象。这种趋势不仅导致信息的极化和群体间联系的削弱，还可能导致多样性观点的消失和言论自由的侵害。在这样的环境中，主流或流行的观点得以扩散和强化，而那些可能具有挑战性或不同的声音则被边缘化或压制，这限制了公众讨论的广度和深度，阻碍了社会的全面发展。

二、算法自动化决策引发隐私泄露风险

隐私泄露的风险不仅存在于用户数据收集阶段，而且在算法的预测阶段同样可能发生，尤其是随着自动化算法变得更加智能化。深度学习算法通过分析大量数据，有能力预测和揭示用户可能未曾直接提供给平台的信息。例如，算法可以从用户的在线行为、搜索历史和社交网络活动中推断出用户的个人喜好、行为模式甚至敏感信息。这种能力虽然在提升个性化服务方面极具价值，但同时也引发了关于隐私保护和数据安全的重要讨论。例如，美国研究人员以前把"Facebook"4.9万名用户提供的准确率非常高的隐私内容，诸如种族、性别、IQ、宗教、政治倾向等用于模型构建，在没有额外获取其他信息的前提下就可以非常精准地推测出该名 Facebook 用户是不是有同性恋倾向。

在现实生活中，使用用户信息并应用算法决策预测未来趋势已成为常态。例如，通过了解某用户既是全国步枪协会成员也支持计划生育，自动化算法可以利

用贝叶斯定理来预测此人未来的政治倾向，并推测其选举倾向。虽然算法预测的结果可能与用户的实际决定存在偏差，但这种算法有能力挖掘用户的隐私信息已是不争的事实。这种技术的应用在提高服务个性化和精准性方面有显著优势，但也引发了关于隐私侵犯和数据安全的重要担忧。随着大数据挖掘技术的迅猛发展，这为自动化算法的智能增强提供了强大的技术支持。当更多数据被纳入算法模型中时，这些模型得以不断完善和优化。现代的自动化算法，相较于过去基于简单人口统计数据的方法，能够利用大量个性化的数据为用户创建深入的画像。这些算法不仅能够识别用户的基本信息如性别、国籍和收入，还能推测用户的心理状态和个性特征。通过整合用户的线上及离线数据——例如，用户的网页浏览记录、社交互动和其他互联网行为所生成的数据——这些信息可以被收集并用作分析。使用 SQL、SAS、R、Python、C++等编程语言和爬虫工具，算法可以从这些数据中提取隐含的预测信息。结果是，用户的个人信息在未经其明确同意的情况下被揭示出来，这不仅展示了数据分析的能力，也引发了关于隐私保护的重要讨论。正如《纽约时报》所报道，零售巨头 Target 通过使用自动化算法分析客户数据，意外地向一位未成年的客户发送了婴儿产品手册，而这位客户的监护人当时并不知道她已怀孕。这一事件凸显了算法如何在分析和使用个人数据时可能超越个人对自身信息的了解，从而影响到个人隐私的保护。这种情况揭示了自动化算法在预测用户行为和需求时的高效性，但同时也引发了对于如何在利用这些技术的同时确保个人隐私不被侵犯的广泛讨论。

然而，在算法越来越智能的大背景下，对于主体的隐私保护却十分不健全，这是因为在此背景下的立法、执法等活动并没有跟上技术进步的步伐。

在互联网时期，减轻由自动化算法决策所导致的用户隐私泄露风险且不阻碍数据技术进步是目前立法者的工作，也是目前法学界研究的前沿问题。法律制度不完善，则对网络用户的隐私构成极大风险，使用户失去心理安定与法律保障，也使得算法的制造者利用用户隐私来赚钱的行为更加猖獗，破坏了公平公正的竞争环境和和平美好的网络秩序。

三、算法自动化决策助推歧视风险

歧视现象在大数据利用算法自动化决策的过程中，已经逐步反映在现实生活中，近年来，"算法杀熟"问题愈演愈烈，这就是算法识别的典型案例。"算法杀熟"是指基于网站上消费者消费的记录，产品提供商或者服务的提供者可以收集和分析与消费者有关的产品或服务的消费信息，这时候算法就会向进行频繁消费的消费者发出价格很高的邀约，这就会使该消费者以高于首次的价格或者购买的次数较少的消费的价格购买该商品或者服务。事实上，生活中不仅仅存在着与商品或服务的价格有关的"算法杀熟"现象，还存在于房屋租赁市场和教育服务行业内部的竞争机制。上述所有歧视是由自动化算法所引起的，这对于个人来说非常容易导致其失去社会资源和实现自我发展的契机，对于集体来说非常容易形成贫富差距进一步拉大的群体极化现象，非常不利于社会和集体的发展。

一方面，与算法相关的歧视风险可能源自用户或设计者的特定目的。例如，如果公司领导希望缩短员工的通勤时间以提高出勤率，他们可能会设计算法自动排除通勤时间较长的求职者。这种情况下，设计者可能会将"居住距离"这一与工作能力无关的因素作为关键变量编入模型中，导致远距离的求职者被无端排除。另一方面，算法的歧视风险也可能来自其依赖的大数据的不准确性。数据可以通过购买或自动抓取获得，但如果在数据采集阶段存在缺陷且未进行修正，这些错误将在算法应用时被放大。例如，即使是资不抵债的有资金实力的企业，如果这种信息被银行的算法在不进行任何校正的情况下采集和应用，可能导致这些企业无法获得贷款。这两种情况都凸显了在设计和实施算法时需要考虑的道德和法律问题，强调了在算法决策过程中采取透明、公正的措施的重要性。

自动化算法决策系统是提升社会交流和沟通效率的重要工具，但它们在无人干预的情况下作出独立决策时，所潜在的歧视风险可能威胁到社会平等的基础。这些风险不仅触及算法的技术层面，也牵涉到法律、道德以及经济和贸易等多个领域，使得监管和管理变得更加复杂。自动生成的代码和算法的"黑盒"特性增加了对这些智能系统的理解和监控难度。在法律层面，应重视如何制定和实施规范，以降低或消除由算法决策引发的歧视风险。这包括确保算法透明度、审查算法决策过程中使用的数据质量和公平性，以及提供对算法决策的有效监督和纠正机制。只有这样，我们才能确保算法技术在助力社会发展的同时，不会侵蚀基本的公平和正义原则。

第二节　欧美规制算法自动化决策的经验研究

随着自动化算法在多个领域的广泛应用，由此产生的复杂问题也日益凸显。特别是在机器学习科技较为先进的欧美国家，公众和政策制定者已经开始讨论如何应对算法可能带来的风险。算法运行的核心是源数据，它们不仅为学习算法的自主决策提供训练数据，还携带大量的隐私信息。如果这些源数据收集不准确或使用不当，训练数据可能导致错误的信息提取，进而导致错误的决策输出。在欧美国家，对自动化算法的风险进行立法主要集中在数据的采集和使用上，而并未深入算法本身的结构或设计问题。这表明，虽然现有法规对数据处理提出了约束，以防止隐私侵犯和数据误用，但对算法决策逻辑本身的直接规制还相对有限。本节将深入分析欧洲和美国在算法规制方面的立法实践以及先进的算法规制理论，探讨如何有效地管理和缓解由自动化算法带来的风险。这包括考察这些地区如何通过立法限制数据的采集和使用，以及是否需要进一步的法规来直接对算法本身进行监管，以保证算法决策的公正性和透明度。

一、欧美数据收集与利用的法律规制

在人工智能迅速进步的今天，算法的发展和复杂性无一例外地依赖于大数据。因此，要有效控制算法带来的风险，关键在于对数据的采集和使用实施严格的监管。为了降低由算法决策引起的潜在风险，必须对数据的采集和应用施加强有力的控制。在此方面，欧盟的《数据保护指南》和《通用数据保护条例》（GDPR）设立了优秀的标准。《欧盟数据保护指南》明确了几个基本的数据处理原则，包括：一是数据收集最小化原则，即在必要性的前提下尽量减少收集的数据量；二

是数据保密和安全存储原则，要求数据收集者必须确保收集的数据得到妥善的保护和安全存储；三是数据使用目的限制原则，确保数据收集必须基于明确且合法的目的。此外，《欧盟数据保护指南》还细化了对不当使用数据的法律责任、数据收集及数据主体同意的具体规定。继之，《通用数据保护条例》进一步加强了数据主体的权利，如明确同意的要求、非法使用数据的惩罚机制，以及引入数据被遗忘权和数据携带权等创新措施。该条例还规定了数据控制者在数据泄露发生时必须及时通知的义务，并通过一站式数据处理机制，有效应对跨境数据流动的挑战。类似地，在美国，通过《公平信用报告法》等法律，确保了消费者能了解自己的信息来源及纠正不正确数据的权利。雇主和数据控制者被要求积极履行告知义务，未遵守规定可能面临行政处罚和民事责任。这些法律框架为个人数据的保护提供了坚实的基础，同时也为算法的安全和公正使用提供了法律保障。

此外，只有在消费者明确知情并同意的前提下，相关主体才可使用消费者的数据。《消费者隐私权法案》进一步确立了消费者对其数据的控制权、修改权等七项基本权利。为了规范数据的使用，降低由算法引起的隐私泄露和歧视风险，美国的《HIPAA 隐私规则》对数据去识别化进行了详细规定。该规则要求去识别化过程必须由相关领域的专家执行，并且整个过程需要详细记录以确保合规。进一步，美国健康及人类服务部发布的《信息去识别化技术指南》指明了需要通过计算机技术模糊处理的敏感信息种类，这些通常是易于识别出数据主体身份的信息，如姓名、地址、社保号等。美国学者还强烈建议在《HIPAA 隐私规则》中增加禁止信息重新识别的条款，以防止去识别化信息的再识别和滥用。尽管美国对个人资料的采集和使用的规定较为零散，但这些规定是全面而实用的。欧美国家对个人数据的采集和使用给予了极高的重视，以此应对由算法带来的风险和挑战。欧盟采用原则与规则相结合的双向规制方法，明确规定了个人数据的使用模式，有效防止了数据滥用风险。然而，过于细致和僵化的规则也有其弊端，如在数据挖掘和算法输入输出过程中，稍有不慎就可能违反现有的法律规定，引发长期的法律纠纷，这可能阻碍了数据挖掘技术和算法模型的进步和更新。美国的数据立法则突出灵活性，更注重利用技术手段进行数据处理和再利用，以及强化数据主体对个人信息的管理和处置权。总的来说，虽然通过立法规范个人资料能够部分解决算法的风险问题，但要从根本上化解算法的风险，还需要加强对算法本身的调控和研究，以确保科技进步和个人权益的和谐共进。

二、欧美化解算法决策风险的理论探究

尽管欧洲和美国目前尚无直接针对算法操作的具体立法规范，学术界对此议题的讨论却异常激烈。在欧美国家，对算法风险的规制面临的主要障碍并非立法技巧或能力，而是算法决策的阶段性特征和其固有的"黑箱"性质，这些因素导致其行为难以预测。鉴于直接的算法立法尚未成形，本节将探讨欧洲和美国在学术研究及司法实践中关于算法风险规制的现状和可行性。

在欧美，一些研究人员认为通过公开计算机源代码来增强算法决策的透明度是减少算法风险的一种有效方法。然而，这种方法在理论上存在明显的局限性。首先，通常只有拥有深厚专业知识的人士才能真正理解复杂的算法编程，这使得大多数普通民众即使面对开源代码也难以把握其含义。因此，普通用户通常需要通过专业人员来"翻译"这些源代码，从而与开发者进行沟通。这不仅增加了成本，也减少了公开源代码措施的实际效果。此外，即便源代码被公开，公众通常只能看到机器学习的基本方法和输入输出结果，而无法深入了解背后的训练数据和决策规则。这意味着即使在算法出现问题时，专家也难以对其遵循的逻辑进行有效审核或提供对其规则和结果的合理解释。更进一步，源代码的泄露可能带来一系列负面影响，包括商业秘密泄露、个人隐私侵犯、执法障碍，甚至可能激励不法分子滥用这些数据，引发二次侵权的风险。例如，在 Viacom v. YouTube 案件中，尽管原告要求被告公开控制 YouTube.com 和 Google.com 搜索工具的源代码，法院为保护商业秘密拒绝了此类请求。这表明，在实际司法实践中，公开源代码并不总是可行的解决方案。因此，为了更有效地管理算法风险，欧美的专家建议设立算法解释权，旨在披露算法的决策过程和结果。这种方法的有效性仍需进一步分析和验证，特别是在算法由透明(白箱)到不透明(黑箱)的演变过程中，如何维持算法的可解释性和可控性是一个重要的挑战。

　　自动化决策算法的发展过程中展现了明显的阶段性特征，可大致分为"白箱""灰箱"和"黑箱"三个阶段。在这些阶段中，算法的可预测性和可解释性表现出显著差异。在"白箱"和"灰箱"阶段，技术研发人员和运营者作为算法的设计者，通常能够较好地预测和解释算法的决策过程及其结果。这是因为算法的内部逻辑和决策参数在这两个阶段还相对透明和可控。然而，随着算法进入"黑箱"阶段，尤其是当它发展到具备高级"感知"能力和更深层的"智能"时，控制和解释的难度急剧增加。在这个阶段，算法的运作机制变得更加复杂和封闭，导致即便是开发人员和用户也难以理解其决策的具体依据。这种情况下，算法的预测和解释工作变得不再实际可行，因此，仅依靠算法设计者和运营者来履行解释责任的做法面临着重大挑战。这种变化凸显了需要进一步探索和开发新的机制，如增强算法的可解释性技术和改进监管策略，以确保算法决策的透明度和公正性，即便在算法进入更为复杂的"黑箱"阶段。如此，建立算法解释权的努力才可能实现，确保所有利益相关者——包括最终用户——都能理解并信任这些先进的决策工具。

　　自动化决策算法的运用往往导致法律侵权问题具有一定的群体性特征。这意味着一旦算法操作导致侵权，受害者人数可能非常多，由于算法的决策主体不具特定性，这进一步增加了处理侵权事件的复杂性。此外，自动化决策算法的高度专业性引发了多项法律和技术问题，如确定责任主体、谁负责解释以及当解释存在分歧时如何调解等。这些挑战直接影响到算法解释权的实际执行可能性。如果这些核心问题无法得到有效解决，算法解释权的实施可能就会变得非常困难，甚至形同虚设。此外，由于算法决策通常是基于统计相关性而非传统因果逻辑，即使法院要求算法的操作主体履行解释义务，他们也可能由于技术限制而无法提供完全准确的解释。因此，为了使算法解释权具备实际意义并有效落地，必须发展相应的技术和法律框架，以确保所有利害关系人能够理解算法的决策过程并在出现争议时有明确的解决途径。同时，这也要求法律专业人员、技术开发者和政策制定者之间进行更深入的协作和沟通，共同探索更适应现代技术发展的法律解决方案。

　　关于自动化决策算法风险验证，目前学界有两种解决方案。一是利用随机性原理对待检测自动化决策算法一个一个地进行验证，时间成本显著较高。另一个方案是零知识证明方法，其极度缺乏可实施性，因此本书不再赘述。另外，算法公开方案亦面临很严重的可实施性问题，直接公开自动化决策算法的代码化指令序列并不会使得不具有计算机信息专业知识的普通公民理解算法的决策逻辑。

算法审查制度是学者们在自动化决策算法风险规制问题上提出的另一重要方案。根据这一方案，首先需要确定审查主体由政府、公益组织还是行业内组织充任。其次则是算法的具体审查形式应该采用实质性审查，抑或形式性审查。事实上，就目前的审查方式而言，实践中更加偏向形式审查，而非实质审查。因此，需要成立由专业技术人员组成的算法安全委员会加强实质审查力度。

为了加强自动化决策算法的行政监督，保证其可以在法律规定的框架内正常发挥功能作用，有专家提出，算法安全委员会需要充分发挥事前审查和事中的定期检查作用，对于需要投入使用的自动化决策算法应当进行行政审批。自动化决策算法行政审批制度可以精准地将没有使用目的不明且具有引发算法风险可能的自动化决策算法扼杀在摇篮之中，避免其造成实际损害后才被行政机关强制停用。由此，也可以保证现有实际应用中的自动化决策算法具有合理信赖外观。对于事中的定期检查，可以确保自动化决策算法的合理信赖外观下不存在实际风险和隐患，这体现了责任机关对算法决策相对人的负责。此外，这些检查和淘汰也能促进算法开发人员和适用人员改进其算法的积极性，从而降低算法从内部崩坏的可能性。

此外，学者们还提出了一项建议，即应该赋予算法安全委员会更广泛的授权。这样的授权将使委员会在面对算法故意侵权事件时能够迅速采取行动，行使其监督和处罚的职权。这一措施旨在增强对算法操作的监管效率和效力，确保能够及时应对可能的违法行为，维护公共利益和个人权益。从技术上来看，自动化决策算法是通过代码化指令序列来实现技术设计人员所预想的特定工作目标的工具，其实质是用计算机程序运行定式来代替原有的人类决策思维定式。但是正如人类决策需要一系列的决策信息的输入，自动化决策算法也需要决策信息来作为决策基础。这里自动化决策算法所需要的决策信息就是信息时代的大数据。大数据好比自动化决策算法的决策原料,其根据研发人员所设定的特定决策定式来加工相应的数据进而输出决策结果。对于未采用深度学习等较高阶人工智能技术的算法而言,他们所作出的决策结果对于技术设计者是可以预测的,因为其通常只会按照设计时所设定的固定代码化指令序列来完成决策任务。技术人员也可以很轻易地向公众解释这种算法的决策逻辑。但是,一旦自动化决策算法和深度学习技术相融合,其在实际运行过一段时间后会由于数据训练和自我进化而导致技术开发人员在一定程度上丧失对其决策逻辑的控制和了解。采用深度学习技术的自动化决策算法往往因为其自我进化功能而使其决策逻辑变得不可预测,这给自动化决策算法立法带来了很严重的障碍,使得立法者往往无从下手。如上所述,算法的基础是大数据,直接依据是训练数据,并不是不受制约。因此,欧盟和美国目前的算法治理思路比较正确,我国应当借鉴其在数据立法上的先进经验,从源头规制自动化决策算法风险,少走弯路。

三、欧盟模式

欧盟长期以来一直关注着法律治理问题在人工智能中的发展,GDPR 对算法进行长期的和系统性的规制是通过督促数据控制者和处理者内部建立问责制度实行的。

首先,《通用数据保护条例》(GDPR)第 22 条属于赋权规范,公民因此条款而有权反对接受算法自动决策结果。而且,根据其规定只有在特定的三种情况下,基于对个人数据分析而进行的算法自动化决策才被允许。上述特定情况指的是法律明确授权规定、决策相对人同意以及合同明确约定。

其次,GDPR 在监管模式上更加倾向于事前监管和过程监管。GDPR 在第 13条、14 条规定了算法公开制度。根据这两条规定,算法运营者必须履行自动化决策算法逻辑以及决策依据的公开义务。第 15 条设立了个人访问权。根据个人访问权,权利人有权知悉其存储于数据收集主体处的个人数据以及这些数据的处理信息。

最后,第 35 条构建了数据保护影响评估制度。通过该项制度,数据收集和存储主体必须树立数据风险意识，采取各种措施防止发生隐私风险。①

（一）以数据保护为中心的欧盟模式

欧盟在隐私权保护方面展现出显著的前瞻性。早在20世纪50年代，《欧洲人权公约》便开创性地规定了公民个人隐私权，标志着隐私权立法的重要起点。进入互联网和大数据时代后，传统的隐私保护机制显然已难以应对新挑战，这促使欧盟进一步加强数据隐私法规的制定。2000年，《欧盟基本权利宪章》明确规定了每个人都有权保护其个人数据，这一声明进一步强化了数据隐私权的法律地位。2016年，欧盟通过了具有里程碑意义的《通用数据保护条例》（GDPR），并决定该条例自2018年5月25日起正式生效。GDPR的主要目的是加强个人数据保护，同时在条例的前言第71段中特别指出了利用新型信息技术可能导致的歧视行为，这反映了对新兴技术可能带来的歧视后果的深刻关注和预防。这些规定不仅提高了个人数据处理的标准，也体现了欧盟在全球数据保护法律中的领导地位，为其他国家和地区提供了宝贵的参考。

因此，作为首个明确规范算法歧视的法律文本，《通用数据保护条例》（GDPR）在其序言和正文中详细阐述了立法意图和具体的反歧视措施。这些措施核心围绕"数据清洁"（Data Sanitisation）的概念展开，即在自动化决策过程中移除可能引发歧视的敏感个人数据类别。通过这种方式，GDPR旨在防止基于敏感数据的歧视性决策。特别是在GDPR的第9条第1款中，明确列出了被视为敏感的数据种类，这包括能够识别个人身份的信息和生物基因数据等。该法条还明确禁止了对这些敏感数据的处理，以确保数据处理活动的合法性与道德性。这种以数据为基础的立法措施受到了广泛的学术认可，因为数据是驱动算法的核心。没有合适的数据支持，再高级的算法也难以发挥效用。因此，欧盟的这一立法行为不仅获得了多数学者的支持，也引发了进一步的讨论，强调在源头上对个人数据进

---

① 参见章小杉：《人工智能算法歧视的法律规制：欧美经验与中国路径》，载《华东理工大学学报（社会科学版）》2019年第6期，第63~72页。

行严格保护是控制算法潜在风险的关键。这种观点认为，只有通过立法确保对个人数据的综合保护，才能真正限制算法可能带来的不良影响。

从理论上讲，数据清理可以帮助杜绝由个人数据所导致的直接歧视，然而经实践证明，种族、宗教、性别和性取向等个人特征所引发的间接歧视是数据清理原则所无法遏制的。其根源在于个人数据受大数据影响，与其他个人数据密切连接，身高、体重、性别、邮政编码、姓氏、种族、身份等数据一体化绑定，这也就导致了即使屏蔽或者删除了敏感数据，机器依然可以根据与之相关的未删除数据来进行个人用户解析。研究已反复证明，即使在无法直接获取敏感信息的情况下，大数据算法仍有可能根据种族、性别或性取向对用户进行歧视。一种可能的解决方案是从数据集中移除与个人特征直接相关的信息。但这种做法存在挑战：如果移除过多数据，可能会影响算法的决策精度；如果清除的数据不够，又无法有效防止歧视现象。因此，关键在于找到防止算法歧视和保持算法精确度之间的平衡点。这要求我们在设计和实施算法时采用更精细的数据处理和算法调整策略。通过这种方法，可以使算法在不依赖于个人敏感特征的情况下，仍能有效地实现其设计目的，同时避免产生歧视行为。这种平衡不仅涉及技术层面的改进，也可能需要新的监管框架和道德准则来确保算法的公正性和透明度。

除此之外，严禁通过收集可以限定具体个人的相关特征信息就代表着算法运算无法验证与个人数据相关的歧视性特征。因为数据是算法的燃烧剂，收集不到足够的底层数据支撑就无法开展相关的数据算法工作。数据收集是算法运作的基础，而在当前的环境下，大数据操作虽然看似合法合理，但其内在的数据歧视性特征常常被忽视。表面上的和谐往往掩盖了深层的不公，导致歧视性特征的问题日益严重。在这样的背景下，有学者提出，为了有效遏制算法歧视，应实施《通用数据保护条例》（GDPR）中隐含的措施——算法审查。在人工智能高速发展的今天，无论算法如何智能化，其都离不开大数据的支持。因此，防止算法带来的风险，首要措施是从源头上进行干预，即通过立法来严格规范大数据的收集与使用。只有当我们在法律层面对大数据的采集和处理实施强有力的监管时，才能有效减少算法决策过程中潜在的歧视风险。这种规范不仅需要针对数据的收集范围和方式进行明确，也应涵盖对数据使用的具体限制和审查，确保算法的应用既智能也公正。在数据的采集和使用方面，《欧盟数据保护指南》和《通用数据保护条例》（GDPR）设立了行业内被广泛认可的最佳实践标准。《欧盟数据保护指南》中特别提出了三项基本的数据处理原则，以确保数据处理的合法性和道德性。首先是数据收集最小化原则，即依据必要性原则，只收集完成特定功能所需的最少数据量；其次是数据存储原则，这要求数据收集者必须确保所收集的数据得到安全的储存，防止数据泄露和滥用；最后是禁止二次使用原则，确保数据仅被用于收集时声明的目的，严禁在这些目的之外使用数据。这些原则共同构成了一套严格的框架，旨在加强个人数据的保护，防止数据被滥用，同时确保数据处理活动的透明度和责任性。通过这种方式，《欧盟数据保护指南》与 GDPR 共同推动了数据保护法规在全球范围内的发展和标准化。

除了制定了引导数据采集和使用的基本原则，《欧盟数据保护准则》还具体规定了数据模糊化处理、数据主体同意的要求及对非法使用数据行为的法律责任。继而，《通用数据保护条例》（GDPR）进一步强化了这些规定，重申了数据主体需明示同意的条款，并设立了对非法使用数据的严格处罚机制。此外，GDPR 引入了几项创新的权利和义务，如被遗忘权、数据访问权和数据泄露时的通知义务，旨在提升数据主体的控制能力并增强数据使用者的责任感。

此外，为有效应对跨境数据流的挑战，《通用数据保护条例》还特别设立了一站式数据处理机制，这使得数据跨境传输和处理更加规范化和便捷。从《欧盟数据保护准则》和 GDPR 的详细条款来看，欧盟在个人数据的收集、利用与保护方面的规范已经达到了高度成熟和系统化的水平，为全球数据保护法律提供了重要的参考和标准。

侦查手段的进步常常是以不断牺牲法律的边界和个体的隐私换取的，对此，就需要在立法层面给出积极的回应以确保侦查手段的合法性和合理性，确保侦查活动在法律允许的范围内开展。

有关侦查的立法进程表明，只有在立法保驾护航的情况下，侦查才可以发挥其最大的效果，通过未经立法确认的侦查手段获取的证据是难以作为定案的根据的，不利于侦查机关发现真相的能力。[①] 为应对侦查手段的演变，通过法律授权为新型大数据侦查手段提供法律依据是客观需要。

随着新兴侦查技术的发展，侦查程序的进程正在经历显著变化。在立法的引导下，这些侦查手段正不断向更高效的方向发展，但这同时要求配套的制度保障以确保其合理应用。在推进侦查技术的同时，维护公民的自由和安全是基本原则，这两者的平衡是每项侦查活动的核心。德国法学教授曼弗雷德·巴尔都斯曾警示，维护最低限度的国家权力是为了不以牺牲自由为代价获取安全。他指出，"一个国家的自由程度，可以通过其在多大程度上排斥私人暴力来衡量"。他还强调，一个追求自由和正义的国家，应当提供一个免受私人暴力的安全环境。为了确保国家安全职能的有效实现，侦查机关需要被授权使用必要的技术工具。这意味着，随着技术的演进和应用，相关的法律和道德框架也必须得到更新和强化，以防止滥用并保护公民权利。这种平衡的实现，既需要技术的进步，也依赖于法律和道德的严格监督。

在美国，数据收集和使用的权限主要由国会通过立法确定。司法判例在此过程中起到关键作用，尤其是在限制执法机构的权力方面。法院在审理案件时，往往会考虑侦查行为是否侵犯了个人的隐私权来判定其合法性。而在欧盟，数据权被视为基本人权的一部分，因此建立了以保护公民数据权为核心的法律体系。在这一体系中，侦查机关开展数据处理的权限主要依赖于具体的法律授权，这类法律通常在数据保护法和刑事诉讼法中有所体现。

欧盟在数据安全方面的立法被认为是全球的标杆。欧盟立法者在制定相关法律时，始终坚持遵循数据保护的基本价值。因此，他们不仅注重加强数据权利的保护，还努力确保其立法与各成员国关于数据保留和利用的相关法律相协调。这种综合考量确保了整个欧盟内部数据保护规则的统一性和效力，同时也为成员国提供了处理数据的共同法律框架。

---

① 参见栾兴良：《大数据侦查法治化研究》，中南财经政法大学 2020 年博士学位论文，第 11 页。

（二）欧盟立法

（1）《保护个人享有的与个人数据处理有关的权利以及个人数据自由流动的指令》第 13 条第 1 款所述之目的限于国家安全、社会公共安全以及刑事诉讼。为了这个目的，会员国想要在有限的时间内保留数据就只有按照本条规定的理由采取相应的立法措施。

（2）《隐私与电子通信指令》中的第 15 条第 1 款具体规定，为了国家安全、公共安全以及刑事诉讼的目的，成员国可以实施限制措施，调整指令中规定的权利和义务的适用范围以及行使这些权利的条件。这一条款为成员国提供了在特定情况下对通信隐私权进行限制的法律依据，以确保重要的公共利益得到保护。通过这种法律设定，欧盟允许各成员国在面对紧急或重大的国家安全威胁时，采取必要措施，这可能包括监控和收集电子通信数据。然而，这种权限的行使必须符合法律的明确规定，并保证对个人隐私的侵入是最小的，确保措施的正当性、适当性和比例性，以维护公民的基本权利和自由。

（3）《欧盟数据保留指令》在其序言中设定了一个关键的立法目标，这一目标要求各通信服务供应商在欧盟范围内保留必要的数据。这是为了确保这些数据未来能够被用于调查、侦查和起诉那些在欧盟成员国国内法中定义为重大的犯罪行为。此外，根据该指令序言(20)，《欧洲委员会网络犯罪公约》和《欧洲委员会关于在自动处理个人数据方面保护个人的公约》也包含了对于保留数据的相关规定。这些规定旨在平衡执法需求和个人隐私权的保护，确保数据保留的合法性和必要性在欧盟范围内得到统一和明确的界定。

（4）《关于在警察和司法合作框架内处理刑事案件中个人数据保护的指令》(2008/977/JHA)，是一项旨在规范成员国在进行刑事活动和执行刑事处罚过程中传送或获取个人数据的立法。然而，该指令的应用范围相对有限，专门针对警察和司法部门在刑事案件处理中的数据保护。该法案的局限性在于它只覆盖了成员国在刑事司法合作中的数据处理活动，未能全面涵盖所有与个人数据保护相关的领域。因此，为了实现更广泛的数据保护和更新现行法规，该指令已被更全面的法规(EU)2016/680指令所替代。新的指令(EU)2016/680,旨在提供一个统一和更新的法律框架,以更好地保护在警察和司法合作中处理的个人数据,确保数据处理活动在整个欧盟范围内的一致性和高标准的隐私保护。这包括加强数据主体的权利,明确数据处理的透明度,以及确保数据处理的法律依据和安全措施的充分性。

(5)《警察与刑事司法数据保护指令》(通称"欧盟2016/680指令")为警察和其他刑事司法公权力机构在执行职责时处理公民个人信息设定了明确的规范。这一指令涵盖了从警察、司法机关到执法机构及其他根据法律授权行使公共权利的机构和实体的广泛主体。该指令还规定了多个数据库的使用,这些数据库旨在促进会员国之间的合作和信息共享。欧盟2016/680指令提供了一套详尽的法律框架,覆盖了从数据收集、保存、分析到传输的全部过程,强调了对数据处理活动的法律授权,尤其是数据保留和交换方面。此外,欧盟将个人数据视为基本人权的一部分。在个人权益受损的情况下,个体可以根据《欧洲联盟基本权利宪章》和《欧洲联盟运作条约》寻求法律救济。为防止授权滥用,欧盟在立法初期就对授权范围设定了明确限制,并要求侦查机关在处理数据时不仅遵守数据保护原则,还需接受独立数据保护机构的监督。为最大限度地保障数据安全,欧盟还对数据的安全等级进行了划分,并对各类数据制定了不同的保护法规。例如,《通用数据保护条例》(GDPR)主要关注一般性数据的保护,而欧盟2016/680号指令则专注于刑事诉讼中的个人数据处理活动。这种分层的法律结构旨在确保数据保护法规的全面性和有效性。

(三)德国立法

德国是全球首个进行数据保护立法的国家,其在1977年颁布的《联邦数据保护法》标志着数据保护法律的重要进展。该法律经过多次修订,逐渐形成了以保护个人数据权益为核心的规范体系。除了联邦层面的立法,德国各州也制定了自己的数据保护法规,这些法规主要针对州一级的公共当局在数据使用上的规范。此外,德国的《刑事诉讼法》和《反恐怖主义法》也对侦查机关在数据技术调查中的权力进行了明确授权,允许在特定情况下进行数据收集和处理,以支持刑事侦查和反恐活动。

在 2019 年对《德国联邦数据保护法》进行修订之前,该法律采用了一个包罗万象的立法形式,不区分公共与私人行为。其规制范围广泛,不仅覆盖了公共机构如联邦行政部门、联邦司法机构以及其他联邦公法机构的数据处理活动,也包括私营机构的数据收集和处理行为。这种全面的立法途径确保了德国在数据保护方面的严格性和先进性,为个人提供了坚实的数据隐私保护,同时也为处理个人数据的各种机构设置了明确的法律框架。这反映了德国对数据保护重视程度的高度,以及其在全球数据保护法律发展中的领导地位。

换句话说,《德国联邦数据保护法》为调查机关进行大数据监测活动提供了必要的法律支持。为了适应欧盟在数据保护方面的日益严格要求,德国在 2019 年对该法进行了全面修订。修订后的法律放弃了以往不区分公共与私人领域的模式,而是将规定进一步细化为四个主要部分:总则、实施《欧盟通用数据保护条例》(GDPR,即 2016/679 号条例)、实施《欧盟警察与刑事司法数据保护指令》(2016/680 号指令),以及数据处理保护。这种重新架构的法律不仅明确了不同数据处理领域的规定,还加强了对数据处理活动的法律约束,使得大数据监测的法律授权更为精准和清晰。通过这些改动,德国确保了其国内法规与欧盟的标准保持一致,同时为大数据的合法监测提供了坚实的法律基础,这对于增强数据保护的有效性和应对数据相关挑战至关重要。

德国《刑事诉讼法》第八章授权并规范了若干数据技术侦查措施,尤其是针对重大犯罪案件的侦查。以下是两项主要的侦查措施:

(1)撒网式排查(第 98 条第 1 款):该条款规定,在应对某些重大犯罪时,可以将具有特定显著特征的个人资料作为潜在犯罪人的筛查依据。通过将这些资料与其他数据进行自动化比对,逐步缩小筛查范围,从而排除无关个人。同时,该条款允许通过识别和调查其他相关且具有特定特征的个人,进一步锁定目标。

(2)数据自主匹配(第 98 条第 1 款):根据该条款,侦查机关可在侦查犯罪活动或追踪犯罪嫌疑人的过程中,将犯罪嫌疑人的个人信息自动与刑事诉讼或刑罚执行过程中存储的其他数据进行比对。通过这种方式，相关机构可以更快速地锁定犯罪嫌疑人并推进案件调查。

（3）通信监控。第 100 条第 1 款规定，在发生严重犯罪的情况下，侦查机关是有权截留嫌疑人的通信的。

（4）秘密远程搜索信息系统：根据德国《刑事诉讼法》第 100 条第 2 款的规定，在处理某些特别重大的犯罪案件时，侦查机关被授权可以使用技术手段秘密进入与犯罪嫌疑人或相关人员有关联的信息系统中，以获取必要的数据。这种数据获取的目的是查明案件的事实或确定被告人的下落。

（5）捕获交通数据：第 100 条第 7 款规定，如果怀疑某人在单一案件中或通过电子信息手段犯下严重的罪行，就可以捕获交通数据以确定事实。

（6）调取数据：第 100 条第 10 款，为了查清案件事实或者追寻在逃犯罪人的下落，侦查机关有权要求任何商业通信运营商提供相关人员的数据信息。

（7）布置缉捕网络：依据德国《刑事诉讼法》第 163 条第 4 款的授权，侦查机关在追查某些特定类型的犯罪活动之中，其主张通过运用电子数据辅助更加有益于开展抓捕行动的，可以在伤害最小化的前提下，运用电子数据。① 机场的护照或身份证数据也可适用于大数据侦查手段。

德国在 2002 年颁布了两项"反恐一揽子法案"，并据此修订了 20 多项法律的相关规定，特别是涉及大数据调查的部分主要集中在两个方面。第一，为了最大限度地打击恐怖主义活动，法案扩大了反恐怖主义情报基地的适用范围。通过此举，各种调查机构之间的情报壁垒被打破，反恐情报可以在所有反恐部队之间共享。这一措施旨在增强跨部门的协同合作，确保不同反恐机构能够快速获取所需的情报资源，从而提升打击恐怖主义的效率。第二，网格调查。网格调查是一种特殊的侦查方法，即在没有特定嫌疑人的情况下，警方和情报部门可以基于安全考量，采取措施搜集与恐怖主义相关的情报信息。这意味着，即便没有明确的犯罪嫌疑人，调查机关也可以通过大数据手段筛选和分析信息，以防范潜在威胁。

---

① 参见孙笑侠：《复旦大学法律评论（第二辑）》，法律出版社 2015 年版，第 79 页。

这种调查方式为反恐行动提供了更广泛的行动空间，但也引发了对公民隐私权和数据滥用风险的讨论。

德国有关大数据调查的法律授权规定在世界范围内都是最为细致的，其主要可以概括为"数据流程序授权"和"具体数据技术授权"两种类型。数据流程序授权是指立法机关通过规定数据获取、保存、应用等一系列流程，在授权侦查机关自主开展活动的前提下对其行为进行限制。

德国新修订的数据保护法进一步规制了警察的数据流程序权限。相比之前的立法，新修订的法律不管是涵盖范围还是程序规定都更加全面和精准。值得注意的是，德国法律在侦查机关授权方面已经呈现明显的扩大趋势。该国刑事侦查部门的权力范围呈现向数据方面扩张的态势，其依据新修订刑事诉讼法的相关规定可以应用更大范围的新型数据侦查技术手段。此外，德国侦查部门目前的数据侦查基本覆盖了对于个人数据进行处理的全部过程。另外，德国的刑事诉讼法还专门授权了侦查机关和其他刑事司法机关的数据转移。在"人口普查案"发生之后，德国成为在世界范围内首个将数据权升级成为信息自决权的国家，在此基础上，信息自决权将扩充宪法规定中人的基本权利的内涵。基于此，德国在授权方面的态度是非常严谨的，为授权设置了严格的条件。

（四）法国立法

法国是世界上较早对数据权利进行立法保护的国家，其数据立法主要包括1978年《法国数据保护法》以及相关的2005-1309实施法令。随着时代的不断变化，法国在2018年修改了《法国数据保护法》的部分条款，使其适应技术进步后的信息化社会。尽管《法国数据保护法》历经修改，但是其还是选择保留欧盟数据保护指令下的规范。此后，法国在同年12月对《法国数据保护法》（第78-17号法律）进行了大幅修订，以确保该法律与欧盟的数据保护框架保持一致。2019年5月29日，法国进一步通过了一项新的执行令，同时废除了2005年的执行法令，使得经2018年12月12日法令修订后的《法国数据保护法》得以正式生效。随后，2019年6月1日生效的第2019-536号法令标志着法国已经成功将欧盟2016/679

条例(即《通用数据保护条例》)和欧盟 2016/680 指令(即《警察与刑事司法数据保护指令》)转化为国内法。第 2018-493 号法令的第三编第 18 条和第 19 条具体规定了与大数据刑事侦查相关的内容,进一步细化了大数据在刑事侦查中的应用和操作规范。此外,第 2019-536 号法令第 76 条根据《法国数据保护法》第 46 条,授权处理和追踪与刑事犯罪活动有关的个人数据。这一系列立法活动强化了法国在刑事司法领域对个人数据的处理规范,确保数据保护和刑事侦查需求之间的平衡,并使法国的法律与欧盟的严格数据保护标准相衔接。

在法国,通信拦截受到《国内安全法》第 L241-1 至第 L245-3 条的严格规范。该法律明确规定,通过电子通信传输的内容应享有保密权,并受法律保护。然而,在某些特定情况下,相关部门可获授权进行通信拦截,以便及时收集必要的情报。① 虽然法国有一系列保护数据权利的法律,但在涉及国家安全的情况下,进行大规模通信拦截和数据存储仍是合法且有依据的。这意味着,尽管数据保护在法国法律中被高度重视,但在特殊情况下,国家安全和反恐需求可以优先于个人数据隐私权。法国的立法者往往为此类行为提供法律基础和授权,确保相关部门能够在应对紧急和严重威胁时采取必要措施。2015 年 6 月,法国的议会通过了一项全新的情报法案,这项法案就是《情报法》。该项立法主要是为情报收集工作的开展建立一个基础,进而避免开展工作的同时侵犯个人基本权利和自由。依据该条例,出于预防恐怖主义犯罪与有预谋之犯罪,有关部门可以采取信息技术检测技术和网络监测技术。其中,IT 设备和网络监控包括:(1)对于可能被认定为高危险人的信息和文件进行同步的截留;(2)电子通信监控:电子通信服务提供商需设置系统,自动识别带有恐怖威胁信号的通信内容;(3)实时定位:可以对任何人、车辆或物体进行实时定位,以追踪其行动轨迹;(4)收集登录信息;(5)48 小时内截信。为了防止这些监控手段的滥用,法国设置了审批程序。对任何监控行动的实施,必须经过国家情报技术控制委员会的严格审查,并获得法国

---

① 这些特定情形包括但不限于保护"法国科学和经济潜力的基本要素"的安全,以及打击恐怖主义等重大威胁。

总理的正式授权。然而，该法案的一个争议点在于，即使没有委员会的审批，只要获得总理的授权，监控行动仍可以合法进行。在经历了几次重大恐怖袭击后，2017 年 10 月 31 日，法国通过了新的《加强内部安全与反恐怖主义法案》（2017-1510 号法案），将恐怖袭击后的"紧急状态"以立法形式延续下来。该法案第 13-2-a 条特别规定了一系列反恐措施的持续适用，进一步加强了政府在打击恐怖主义中的权限。这些法律旨在增强国家安全，但也引发了关于如何平衡国家安全和公民自由的广泛讨论。

为了预防和追究犯罪活动，法国法律授权内政、国防、交通运输以及海关等政府部门的部长有权对个人数据进行自动化处理。然而，这种权限并非不受限制。根据相关规定，第 14 条对可以进行自动处理的信息类型和处理程序作出了进一步限制，确保数据处理的合法性与合理性。这些限制旨在防止滥用权限，规定了处理过程中必须遵守的严格规则。通过这些措施，法国试图在国家安全需求与个人隐私保护之间找到平衡，确保政府部门在执行反恐和执法任务时，既能有效处理数据，又不会侵犯公民的基本权利。

法国在其立法中力求在公共利益与个人利益之间取得平衡，但通过大量授权的方式扩大了有权进行数据收集和处理的主体范围。这种扩展几乎没有对情报部门的活动设立明确限制。即便在通过《情报法》后，这种无限制的情况依然存在。该法案因授权过于宽泛而受到公众质疑。例如，作为监督机构的委员会虽然被设立，但并没有实际的监督和制约权力，因为情报部门只需获得总理的单独授权，就可以执行总统许可的各种监控措施。法国政府对此的回应是，国内反恐形势严峻，迫使政府赋予反恐调查机构更广泛的数据收集、存储和使用权，以应对恐怖主义威胁。然而，这种广泛授权也引发了国际批评。国际特赦组织认为，在《反恐怖主义法》颁布前，法国实施的国家紧急状态已经严重侵犯了个人的基本权利和自由，而《反恐怖主义法》更是将司法程序置于次要位置，进一步削弱了人权保护，这显然违背了法治精神和人权保障的基本原则。这些争议反映出法国在应对恐怖主义威胁时，如何在安全需求与公民自由之间找到适当平衡仍是一个复杂且敏感的问题。

　　美国的人工智能技术发展速度十分迅猛，IEEE(电气和电子工程师协会)首先颁布了《人工智能设计的伦理准则》白皮书，希望能够对人工智能技术进行一定的约束，随后在 2017 年，美国公共政策委员会出台了《算法透明性和可问责性声明》，增设了公民个人提出申请的方式进行外部监督。法院的审查认为，除了该计划的"严重失败"外，司法系统不需要干预评估软件的每个操作。原告福利的自动结束是人为的原因，与算法程序无关，算法程序没有"大障碍"，并且不需要审查算法程序，因为存在人为错误而不是 Carwin 错误。相比之下，就 K. W. Exrel. W. V. Armstrong 这一案件而言，法院的判决是，地方的州政府应当将救急金的数额改动以及变动的原因及时进行公示，例如变动的具体原因和根据。算法解释权以个案审查的诉讼模式为开端，但是这种外部的救济范围十分有限，难以保护全部公民的合法权益。① 美国的算法规制是以算法责任为中心。算法歧视在美国有十分久远的历史，但在 2014 年之前，算法歧视都没有引起学者的足够重视。2014 年 5 月，白宫发布了一份关于"大数据：掌握机会并符合价值"的报告。这份报告说明，大数据技术在方便人们的生活的时候，也给人们的生活带来了伤害，比如算法歧视会潜移默化地加深对某些群体的歧视。虽然这种歧视仅仅是开发者个人的主观价值反应，但是透过算法其影响力会进一步扩大，进而剥夺弱势群体的权益。基于此，该报告提议要加强消费者权益的保护；如果想要进一步弱化算法歧视的弊端还需要制定相关的法律来解决这些算法歧视的问题。2016 年 1 月，美国联邦贸易委员会(Federal Trade Commission)发布了一份名为《大数据：包容工具抑或排斥工具?》的报告。该报告深入分析了大数据技术带来的机遇与挑战，既讨论了其在推动经济发展和创新方面的潜力，也指出了伴随而来的风险。特别是在大数据广泛应用于商业领域时，可能引发一系列问题，报告呼吁加强对消费者权益的保护。报告建议，制定和完善相应的消费者保护法律至关重要，以确保在信息时代消费者的合法权益得到保障。一个典型的例子就是

---

① 参见李婕：《公共服务领域算法解释权之构建》，载《求是学刊》2021 年第 3 期，第 110~120 页。

《平等信用机会法案》，该法案旨在防止大数据技术在金融等领域导致不公平的信用决策或歧视行为，从而维护消费者的平等权利。报告还强调，随着大数据的应用范围不断扩大，如何平衡创新带来的收益与隐私、安全和公平问题的挑战，将成为未来立法的重要方向。

报告的建议是，商家们应当采取积极的措施来保证消费者权益受到消费者保护法的保护在大数据应用中。美国计算机协会在《关于算法透明性与可责性的声明》中提出了七项关于算法风险防控的原则，包括反算法歧视、算法问责制、算法解释、算法数据来源、权利救济、算法审计与检验。纽约市在算法法律规制方面属于全美先行者，其率先通过了专门的自动化决策系统法案，并且为了保障该法案的有效实施，还专门成立了负责算法规制的特别工作小组。该小组可以对于决策算法侵权责任问题提出建议。在此之后，美国国会通过了《算法责任法案》，进一步加强了对自动化决策算法系统的监管。该法案授权联邦贸易委员会（FTC）监督数据处理企业，要求其对所运营的自动化决策算法系统及相关的数据保护措施进行影响评估。这一监管机制特别针对那些使用、存储和传播个人信息的企业，确保它们在使用算法技术时，不仅考虑到业务效率和创新，还必须保证对个人数据的合理保护。《算法责任法案》的通过反映了美国立法者对算法潜在影响的重视，尤其是在防止算法滥用、保护消费者隐私和减少数据偏见方面。通过对算法及数据处理的影响评估，企业必须证明其自动化决策系统不会对消费者权益造成不公平或不合理的侵害。这也为未来的算法技术发展提供了更清晰的法律框架，确保创新与数据保护能够协调并行。

该《法案》的出台标志着算法影响评估受到了立法机关的重视，在此之前，算法公开是规制算法歧视风险的最优措施始终是学界主流观点。事实上，算法公开本身存在着可行性上的问题，其要求公众必须具备较高的计算机素养，然而这显然与现实情况不符。即使算法运营者将自身算法代码化指令序列等信息予以公开，常人依然无法得知算法的决策逻辑。更为糟糕的是，人工智能机器学习技术的发展使得算法会自我优化自身决策逻辑，因此，算法设计者在事实上是无法完全掌控算法决策逻辑的，其公开措施也不能使得公众完全了解算法决策逻辑。此外，算法决策风险的导致原因并非仅仅是算法本身。数据是算法决策的重要依据，因此数据本身的问题也是导致算法决策风险的重要原因，比如歧视性数据。算法公开显然无益于阻止歧视性数据的输入，甚至可能为算法歧视提供掩护。

此外，根据美国的法律和过往司法判例，算法属于商业秘密，受到法律保护。因此，强制公开他人算法不仅是违法的行为，也会侵犯他人的商业秘密。这样的做法不可取，因为它可能会打击算法开发者的积极性，阻碍技术的进一步发展。更严重的是，算法的公开可能导致其核心数据和代码暴露，使得预谋犯罪的分子或恐怖分子能够深入了解算法的运作逻辑，从而更容易规避侦查或实施违法犯罪行为，增加社会安全风险。

正因如此，专家们建议，算法的监管策略应当从强制公开转向算法的审查。鉴于大数据时代算法可以自我学习和不断改进，算法的审查有一定的局限性，难以做到尽善尽美。因此，审查的重点应放在算法决策的最终结果上。正在开发中的法案也体现了这一点，提出应对带有歧视性或偏见性决策结果的自动化算法进行结果导向的审查。该法案授权美国联邦贸易委员会（FTC）在特定期限内对特定企业实施立法约束，要求其对可能产生歧视性决策的自动化算法进行影响评估，以保障消费者的合法权益。企业的适用标准包括年收入总额、持有的用户个人信息量以及业务领域。被监管的企业必须主动审查其算法是否存在歧视或偏见问题，并及时进行纠正。法案的第一部分旨在规范"算法黑箱"中的歧视问题，主要通过联邦贸易委员会要求企业进行自我审查。未按规定进行审查的行为将被视为违反《联邦贸易委员会法案》所定义的"不公平或欺诈性行为"。法案的第二部分则关注与敏感数据相关的算法决策，要求企业对这些决策进行自动化风险评估。联邦贸易委员会将负责执行该法案，成为算法歧视的主要监管机构。虽然该法案尚未正式实施，因此其实际效果仍有待观察，但它代表了美国专家和政府在应对算法歧视和隐私问题方面的努力。一旦法案付诸实施，可能会为其他国家的法律监管体系和人工智能法规提供启示。此外，美国对个人数据的采集和使用问题也极为重视，《公平信用报告法》对此作出了详细规定。该法要求消费者报告机构、数据经纪人和雇主在收集消费者信息时提供联系信息，并允许消费者在信息有误时更正数据。如果未能做到这些要求，相关方将面临民事责任和行政处罚。换句话说，只有在消费者知情并同意的情况下，以上主体才能使用其数据。为了进一步规范数据使用并降低算法带来的隐私泄露和歧视风险，美国的《HIPPA 隐私规则》对信息去识别过程作出了明确规定，不仅要求该过程必须由专家完成，还要求记录专家的作业流程，以确保过程的透明度和合规性。

　　紧接着，美国健康及人类服务部在《信息去识别化技术指南》中明确规定了需通过计算机技术进行模糊处理的特定信息类型，这些信息的共同特征是易于识别数据主体的身份，例如姓名、地址、社保号等。此外，为了防止已经去识别化的信息被重新识别并滥用，美国学者强烈建议在《HIPAA 隐私规则》法规中加入禁止信息重新识别的条款。从分析可以看出，虽然美国有关个人数据收集和使用的法规较为零散，但整体上仍具有较强的实用性和覆盖面。为应对算法带来的风险，欧美国家对个人数据的收集和使用给予了高度重视。其中，欧盟采取了原则与规则相结合的立法模式，系统地规范个人数据的使用。这种立法方式旨在从源头上抑制过度的数据挖掘和算法预测，确保数据隐私得到充分保护。然而，若立法过于详细和僵化，反而可能限制大数据技术的发展。例如，在数据挖掘过程中，一旦输入环节不慎违反相关法律规定，可能引发复杂的法律纠纷，从而阻碍技术的进步，并抑制算法模型的更新与改进。尽管通过立法保护个人数据至关重要，但在制定相关法规时，仍需平衡好保护隐私与推动技术进步之间的关系。与欧盟相对严格的立法体系相比，美国的法律框架更加简化和灵活，侧重于通过技术手段处理和重用数据，强调数据主体对个人信息的管理和处置权。这种灵活的方式既保护了数据主体的安全，又不会妨碍大数据挖掘技术的发展，还能推动算法模型的不断改进。总的来说，虽然通过立法规范个人数据可以部分解决算法决策风险，但要彻底化解算法带来的问题，还需要加强对算法本身的监管和研究。这包括进一步研究如何在算法开发和应用过程中确保公平性、透明性和问责性。

四、模式差异

　　首先，算法解释权的客体在不同的法律体系下有所差异。美国采用的是外部问责模式，审查的对象是算法的具体结果。也就是说，只有当算法决策的结果出现严重问题或失败时，才会启动对该算法的审查。而欧盟《通用数据保护条例》（GDPR）则要求对算法决策的重要性和运算逻辑进行解释，这意味着需要对整个算法体系进行解释和审查。算法解释权的客体是算法系统本身，还是算法决策的具体结果，这是一个关键的问题，直接影响到个人权利的保障。如果我们认为算法解释的客体是前者，即算法系统，那么解释的内容将主要集中在系统内部的计算机代码和指令序列上，即对算法的技术性原理进行解释。而如果客体是后者，即算法的决策结果，那么解释的焦点就应当放在算法的决策逻辑、运算过程及其产生的相关关系上。如果立法者将算法解释的对象设定为两者的结合，这就要求立法者在不同情境下精确规定何时应适用对算法系统的解释，何时应审查算法的决策结果。这种设定不仅要平衡算法透明性与技术机密保护，还需要考虑对个人权利的实际影响，确保解释权的适用能够有效维护个人数据权利和公平性。这一选择对法律的实际操作以及企业和个人的权利保护都会产生深远的影响。显而易见，美国将算法决策结果作为其算法解释权的对象，意味着他们只在部分情况下对算法进行审查，尤其是在决策结果出现明显问题时才启动审查程序。这种方式强调对外部结果的问责，而非对算法系统本身的全面审查。相比之下，欧盟则将整个算法系统纳入算法解释权的范畴，不仅要求对算法决策的重要性和逻辑进行解释，还赋予公民知情权、异议权等权利，以确保事前审查机制的顺利进行。[①]欧盟的这种方式更加全面，侧重于在算法运行过程中为公民提供更多的权利保障，防止潜在的偏见和不公平决策的产生。

其次，算法解释权的标准在不同的法律体系中存在显著差异。欧盟的《通用数据保护条例》（GDPR）强调算法解释的可读性，即算法解释不仅是简单地公开相关因素，而是要求以普通人能够理解的方式进行解释。这一要求与 GDPR 对算法解释的可理解性基本原则相一致，特别是对算法解释的主体提出了更高要求，

---

① 陈倩倩、李涛：《第七届"新兴权利与法治中国"学术研讨会综述》，载《社会科学动态》2021 年第 6 期，第 109~122 页。

以确保弱势群体的权利能够得到有效保护。相较之下，美国的算法解释标准依赖于具体诉讼类型中的证明标准。例如，在 State v. 洛米斯案中，案件涉及 COMPAS 量刑算法的决策过程，因此采用了刑事诉讼中"排除合理怀疑"的证明标准。而在 Pich v. Lightbourne 案中，案件涉及 CalWIN 自动福利管理系统的决策过程，采取的是行政诉讼中常见的"举证倒置"原则。不同类型的诉讼要求不同的证明标准，这使得算法解释的复杂性进一步增加。然而，由于算法本身的专业性和复杂性，无论是在国家层面还是个人层面，想要在诉讼中通过举证清晰解释算法的运行原理都存在困难。因此，在构建算法解释权的过程中，必须充分考虑这一现实问题。如何在司法过程中为算法运算的复杂性提供合理的解释途径，既保障透明度，又不陷入过于技术化的困境，是算法解释权标准设定中的一个关键挑战。

最后，算法解释的时间点也存在差异。欧盟《通用数据保护条例》（GDPR）采用的是事先监管模式，通过赋予个人知情权、数据访问权和反对权，旨在减少算法决策对个人权利可能带来的负面影响。换句话说，欧盟的监管模式强调在算法决策前对个人权利的保障，确保算法在运行过程中透明、可解释，并在出现问题之前为个人提供应对手段。相比之下，美国采用的是事后解释模式，即通过个案审查来进行算法决策的解释。美国更侧重于在算法决策结果出现问题后提供救济和补救手段。这种模式注重通过诉讼等途径对个人权利的保护，但通常是在算法已经对个人权利产生影响后才启动审查。因此，美国模式侧重于补救，而非事前预防。由于欧盟和美国在算法解释的时间和机制上存在不同的设计，导致了两者在公民权利保护范围上的差异。欧盟通过事先监管更注重防范性保护，确保个人在算法决策过程中拥有更多的主动权；而美国则更倾向于通过事后救济，强调个人权利在受损后的补偿和纠正。这两种模式反映了两者在个人权利保护上的不同侧重点。

例如，许多人没有时间和精力提起诉讼，即使他们对算法决策的结果有疑问，通常也不会主动向法院提出诉讼，要求算法开发者或用户解释其决策过程。此外，美国目前的司法判例并不支持所有关于算法解释的诉讼请求，这使得个人在面对算法决策时的法律救济途径受到一定限制。随着人工智能技术的不断进步，算法将被广泛应用于更多的领域。采用事先解释机制可以促使算法开发者和用户更加谨慎地处理个人数据，避免不当决策，从而预防潜在的负面影响。然而，事后解释模式可能会使算法开发者和用户产生侥幸心理，认为只要问题不暴露或不被质疑，偏差或不公平决策就可以得以存在。这种态度可能导致他们忽视潜在的决策偏差，增加对个人权利的不当影响。因此，事先解释机制不仅能够更有效地保护个人数据权利，还可以通过强化算法开发和使用过程中的责任意识，减少偏差和歧视性决策的出现。而事后解释则可能不足以预防问题的发生，因为许多受影响的个人可能不会采取行动，导致算法系统的问题无法及时得到解决或纠正。

除此之外，在治理目标上，美国的政府监管政策始终保持着较强的灵活性，赋予科技企业较大的活动空间，以此推动技术的创新和发展。美国的监管方式更多地依赖于市场的自我调节，政府通常在技术出现重大问题或引发争议时才介入。相较之下，欧盟则采取了超前立法的方式，以应对人工智能时代下新型法律风险。欧盟在自动化决策算法治理上更加倾向于"软"治理，其实施手段通常是通过发布政策建议或推行伦理准则，鼓励自动化决策企业遵循道德规范，而当软性措施无效时，欧盟则会通过惩罚性法规予以强制执行。这种治理模式从"软"到"硬"逐步演变，具有灵活但有力的监管效果。① 欧盟的法律框架紧随信息技术的发展趋势，这背后反映了欧盟立法者通过法律手段保障数字经济发展的愿望，以便使欧盟在全球科技竞争中占据领先地位。在自动化决策算法的风险防范方面，普通公民的合法权益始终是欧盟立法者关注的焦点，因为这不仅关系到个人隐私和数据安全，也涉及人工智能技术能否在造福人类的同时避免潜在的负面影响和灾难性后果。欧盟的这种立法方式强调在创新与监管之间取得平衡，通过有效的法律和政策框架保障技术进步的同时，避免算法滥用对公民权利带来的损

---

① 参见曾雄、梁正、张辉：《欧美算法治理实践的新发展与我国算法综合治理框架的构建》，载《电子政务》2022 年第 7 期，第 67~75 页。

害。这种前瞻性立法为全球其他国家和地区在应对人工智能及自动化决策算法带来的挑战时，提供了有益的参考和借鉴。

美国与欧盟地区的人工智能产业发展水平有较大差异，这也导致了两个地区的立法者和监管者对待这一领域所持态度有较大的不同。美国监管者所着眼的是美国高新科技在全球范围内的领先地位，而且监管措施正是围绕着这一目标展开的，其主要目的是尽可能地保障相关人工智能经济组织有足够的发展空间和活力，避免这些经济组织被严格的监管措施制约住发展潜力。此外，美国监管者还格外强调尽可能不采用前瞻性的监管措施，避免在人工智能经济发展空间胡乱作为。美国 2020 年《人工智能应用监管指南》中指出，在人工智能技术开发领域，应当减少不必要的监管措施，尽可能多地赋予相关企业发展空间。同时，政府应当积极与企业展开合作。

最后，在治理主体方面，欧盟与美国的模式也存在显著差异。欧盟依托集中式行政机构来开展数据技术领域的治理工作，尤其在规制算法风险方面，主要通过保障公民权利来实现。欧盟的算法治理体系由"数据规则"和"算法规则"共同构成，确保治理的完整性。欧盟的《通用数据保护条例》（GDPR）第 12 条至第 22 条明确规定了公民的多项权利，包括访问与自己相关的个人信息、知悉个人数据如何被处理和利用的权利，以及反对自动化决策算法决策结果的权利。这种治理体系不仅强调数据保护，还确保了算法的透明性与公正性。相比之下，美国没有设立集中统一的管理机构来负责数据领域的风险治理，也缺乏统一的立法框架。目前，美国的每个州都可以制定区域性的规则，形成相对分散的治理体系。这种模式虽然缺乏集中性，但也具有其独特的优势。由于数据技术的复杂性和广泛性，分散式治理使得不同的监管机构可以根据各自的专业领域进行有针对性的规制。例如，联邦贸易委员会（FTC）负责商业领域的算法监管，食品药品监督管理局（FDA）则对涉及医疗健康的自动化系统进行监督，美国证券交易委员会（SEC）则对金融市场的算法应用进行监管，而美国交通部（DOT）负责监督自动驾驶等涉及交通领域的算法。这种多机构分工合作的方式，尽管分散，但有助于提高治理的专业性和针对性。美国这种分散式的治理结构允许各个机构在其专业领域内迅速响应算法技术的变化与挑战，而欧盟则通过更集中统一的制度体系来确保跨领域的规范性和一致性。两种模式各有优势，欧盟的集中化治理确保了数据和算法在全欧盟范围内的统一保护，而美国的分散治理则提供了灵活性与专业化监管的能力。

五、两种模式的经验总结

(一)促进技术安全发展

在第三次科技革命中，美国率先推出了人工智能设计伦理规范白皮书和算法透明与问责声明，旨在规范算法的使用，促进人工智能技术的健康发展。紧随其后，欧盟出台了《通用数据保护条例》(GDPR)，通过加强数据控制者和处理者的责任，确保算法决策的科学性。这些措施的最终目标是推动人工智能技术的发展，造福全人类。然而，若算法在公共服务领域中应用失误，比如用于预警分类、信用评估、资质鉴定等重要领域，可能会导致严重后果，不仅损害政府公信力，还可能引发社会动荡。部分人工智能伦理学者甚至提出，若某算法违反技术伦理，应当禁止其应用。因此，必须仔细审查算法在实践中的问题，通过法律规范来解决，才能确保算法的安全性和可靠性。无论是美国的事后解释模式，还是欧盟的事前解释机制，二者均以法律手段推动算法技术进步，都是有效的监管方法。这种以法律为保障的方式，有助于确保技术进步不会以牺牲公众利益为代价。

(二)限制政府权力

在公共服务领域，算法经常被用作行政许可、行政处罚等行政行为的参考依据，在一定程度上具有强制性。然而，这种使用可能掩盖程序中的缺陷，甚至掩饰行政行为中的错误，导致政府权力的滥用和监管困难。通过某些案例可以看出政府对算法技术发展的不同监管态度。例如，在 State v. Loomis 案中，美国法院倾向于弱监管，确保相关企业在发展算法技术时有较大的自由空间。这种弱监管模式允许技术创新者进行更广泛的实验和探索。而在 Pich v. Lightbourne 案中，美国政府则展现了对算法技术的强监管态度，强调算法应用必须严格遵守规定，避免带来负面影响。美国的人工智能技术处于世界领先地位，研究人员及 IEEE 等机构一直建议算法的"黑箱"风险应当受到政府监管。因此，美国公共政策委员会颁布了《人工智能设计伦理准则》，其中提出了算法透明度的要求，确保算法决策的可解释性和责任归属。欧盟方面，GDPR 则为各成员国提供了统一的法律框架，加强对数据控制者和处理者的监管，以减少算法自动化的负面影响。此外，GDPR 还对成员国之间的跨境数据流动进行规制，有效限制了政府滥用公共利益作为理由侵犯公民数据的权利。这些措施减少了数据滥用事件的发生，代表了人工智能时代法律的一大进步。通过这种限制政府权力的立法，欧盟和美国在促进算法技术安全发展的同时，确保了公民权利的保护，为未来人工智能技术的发展奠定了更加稳定的法律基础。

(三)加强个人权利保护

个人数据的采集是算法解释权的起点，通过数据的收集，算法对个人在社会生活中的各种权利产生影响。例如，在疫情防控期间，一些人因为被标记为"红码"，而受到出行限制；又如，某些人因被列入失信人员名单，而无法参加公务员考试，这些都通过不同的算法系统(如疫情防控预警系统和征信评级系统)实现的。根据《通用数据保护条例》(GDPR)的规定，数据收集者在数据收集和处理过程中，必须告知数据主体其权利并取得其同意。同时，公民还享有反对接受自动化决策的权利，即拒绝基于自动化算法的决策结果。此外，公民还可以通过访问相关数据来行使其知情权。美国的救济权更多通过个案审查模式来实现，尽管这一过程可能较晚启动，但依然能够有效保护公民的权利。因此，虽然欧盟和美国在保护公民个人数据权利的方式上有所不同，但它们的共同目标都是确保个人的数据权利不受侵犯。

(四)治理对象侧重点相同

欧美在自动化决策算法的应用领域，都将私营经济组织和公权力机构带来的风险作为治理的核心问题。欧盟在 2019 年发布的《算法责任和透明治理框架》中，提出了对公共主体强制实施算法影响评估的要求。根据该框架，算法设计者或运营者必须通过披露算法的目的和预期用途来进行自我评估。对于政府机构来说，还需要制定详细的指南，指导算法设计者和运营者进行评估，并鼓励决策相对人和数据主体参与评估。此外，政府还需设定透明度标准，规定在自动化决策算法引发风险时，责任如何归属。针对私人经济组织，欧盟的监管通常集中在那些可能对公众或权利人造成严重损害的算法应用。例如，《欧盟人工智能法案》对私营部门的算法进行了系统规定，侧重于不同人工智能应用场景的风险管理。

在美国，纽约市于 2017 年通过了《算法透明法案》，并设立了"算法问责特别工作组"，负责监督刑事诉讼、教师绩效评估、消防部门等领域的自动化决策算法应用。尤其是在面部识别技术方面，许多公共机构(如学校和政府部门)被明令禁止使用该技术。纽约市还通过专门立法，要求企业在招聘时使用的自动化算法必须是公正的、无偏见的，并且必须经过第三方专业团队的审核后才能使用。无论是在欧盟还是美国，自动化决策算法的治理都涉及如何平衡算法应用的创新与对社会的潜在风险。这种关注不仅涵盖了公权力机构的使用，还包括私营企业的算法应用，尤其是在公众利益和个人权利可能受到侵害的领域。

(五)制度性治理手段

欧美在算法自动化决策领域的制度性治理手段上展现出高度一致性，尤其是都重视算法影响评估制度的构建。欧盟和美国政府在算法规制过程中采取了相对温和的态度，避免对算法的可解释性或透明度提出过分苛刻的要求。相反，他们将责任更多地交由算法的设计者或相关负责人自行评估和管理。具体来说，算法影响评估要求自动化决策算法的技术设计者或负责人对其负责的算法可能带来的风险进行全面评估。这些评估包括算法可能会产生哪些风险，以及这些风险的严重程度。评估者需要对算法的潜在负面影响作出审慎分析，并采取适当的预防措施，避免这些风险转化为实际的损害。这种自我评估机制旨在通过责任人对算法风险的主动管理，确保算法的使用在安全可控的范围内运行，减少对社会和个人带来的潜在威胁。这种治理思路体现了欧美在算法监管中的共同关注点，即在不妨碍技术创新的前提下，通过风险预防和责任明确的方式控制算法带来的不确定性和风险。这种平衡既能推动技术发展，也能确保算法应用对社会的负面影响降到最低。

自动化决策算法影响评估制度有着广泛的应用空间。就目前欧美的制度实践来看，其已经在人权、环境和数据保护方面发挥着建设性作用。《算法责任与透明治理框架》及 GDPR 规定了欧盟的自动化决策算法影响评估制度，而美国的则由《算法责任法案》所规定。其中主要包括算法设计者及运营者采取的相应风险防控措施、算法设计说明以及可能会产生的歧视性后果等。

(六) 治理模式

在治理模式上，欧美均注重治理主体的多元化。在多元化治理的背景下，欧盟的政府机关依然需要发挥主导作用，指导自动化决策算法和其他相关主体正确发挥作用。具体可分为以下四个方面：

首先，政府需要负责制定具体规则并明确自动化决策算法负责主体的道德伦理责任，督促其在设计和研发过程中要充分考虑创新成果所可能引发的道德伦理风险。

其次，政府要组织相应的宣传教育活动使公众学习到更多的自动化决策算法知识，营造良好的算法治理社会氛围。

再次，政府应当对负责自动化决策算法研发和设计的专业技术人员规定更为严苛的算法公开义务，即解释算法运行逻辑、可能的应用场景、决策目的以及可能引发的法律风险。

最后，政府还应充分调动公民的积极性，鼓励普通公民监督上述义务的履行，对于举报人给予一定的物质和精神奖励。

再看美国，其政府机构在新兴的科技经济领域并非像欧盟政府机构一样，居核心领导地位。在美国的算法规制实践中，多方主体力量共同致力于自动化决策算法风险治理。白宫科技政策办公室还建议通过透明度和自我调节伙伴关系解决与人工智能相关的伦理问题。

在行政干预相对薄弱的环境下，第三方智库、行业组织和社会公众等非政府组织发挥了至关重要的作用。例如，第三方非营利组织 ProPublica 在量刑算法的研究中揭示了一些系统性的歧视问题。他们的调查发现，某些量刑算法在对不同种族群体进行评估时存在显著的偏见，尤其是在高估非洲裔美国人的再犯风险上。这些第三方组织通过独立研究和监督，揭示了算法在公共领域中可能带来的不公平后果，促使社会对算法透明度、可解释性及公正性的关注。ProPublica 等非政府组织的贡献表明，除了政府监管外，社会公众、行业组织和第三方研究机构在监督算法公平性和促进公共政策完善中也能起到重要的补充作用。这种多方参与的模式有助于弥补监管不足，同时增强对算法技术的问责机制，确保算法决策对社会的负面影响被及时发现并得到纠正。这一过程中，第三方组织通过研究、倡导和公开披露，推动了对算法系统公平性和透明性的进一步讨论，也为算法的改进提供了方向。

六、我国对算法自动化决策的具体规制进路

随着算法自动化决策在各个领域的广泛应用，因其引发的风险日益引起学术界的关注。然而，目前我国尚无专门的立法针对算法风险进行规制。学者们在该领域的研究成果和应对措施仍较为有限。因此，未来我国在建立算法规制制度时，可以借鉴欧美的相关经验，从数据规制和算法监督两个方面入手，结合我国的具体国情，探索出符合我国需求的算法监管路径。

（一）增设数据被遗忘权和更改权

在我国漫长的立法历史的长河中，在很短的时间内就能制定出非常完善的法律是一件很困难的事，我国的人工智能技术才刚刚起步，相关的立法经验还相当

贫瘠，而且我国的算法发展较晚，还未出现很大的风险和矛盾，并且由于缺少较多的案例研究，我国对于算法监管的立法十分匮乏。但是，欧美国家正面临着算法的风险，因此，我国现在开始对算法风险进行研究，是非常有必要的。从欧美国家走过的道路来看，监管大数据的获取是对算法风险进行规制的必由之路。

不论欧美国家如何通过立法来规制数据的采集、利用和处理，其核心目的都是在规范数据的使用行为。然而，复杂冗长的法律体系并不总能发挥预期效果，反而可能在实践中导致混乱。对于我国而言，目前不适合照搬《欧盟数据保护指南》或《通用数据保护条例》这样系统性、全面性的法律规范文件，也不宜采用像美国那样分散在不同法律中的碎片化立法模式。相较之下，我国应选择小规模立法的模式，集中对算法风险进行有效的规制。从现阶段的立法需求来看，创设遗忘权和变更数据权是当务之急。这些权利对于保护我国公民的个人隐私和数据安全至关重要。遗忘权的设立将赋予数据主体主动控制自己在网络上公布信息的权利，允许他们自主决定是否删除特定信息，或者阻止他人不合理地使用其数据。这将为个人隐私建立起一道积极的防护墙，帮助公民更好地界定和管理自己的隐私边界。

数据遗忘权的特点在于其积极性和主动性。它可以与传统的、被动的隐私权相结合，形成对个人数据更加全面的保护体系。在当今大数据和互联网高度发展的背景下，个人信息面临前所未有的风险，可能随时被非法获取或利用。遗忘权的创设将为数据主体提供一条简便的路径，让他们无须依赖耗时的诉讼程序，便能及时要求侵权者删除不当使用的数据，避免个人信息被滥用。在大数据技术日益发达的时代，个人的数字痕迹被永久记忆的风险极大。这种记忆的普遍性使得"遗忘"变得异常困难，而遗忘权的引入正是为了应对这种难题。如果个人数据无法被遗忘，数字化技术对人们来说将变成一种持续的痛苦和负担。数字化后的个体有可能陷入被"数据奴役"的困境，失去自我掌控权，变成仅具数字意义的存在。因此，设立遗忘权能够有效地消解算法决策带来的刻板数字记忆，避免个人被错误信息或特定数据长期束缚。这不仅有助于个体摆脱过往负面数据的困扰，还可以帮助他们恢复活力，自由创造和实现自己的社会价值。通过这种方式，算法技术与个人权利可以在不断发展的数字化时代中实现平衡，从而促进社会的健康发展。

确实，数据的删除可能带来一些新的问题，尤其是当数据被删除后可能导致算法的准确性和强度降低。算法进化的基础是大量且准确的数据，数据的减少或不精确都会直接影响算法的性能。如果希望解决这一问题，那么除了赋予民事主体遗忘权外，还应赋予他们变更个人数据的权利。数据变更权可以使民事主体在发现个人数据不准确或过时时，及时对其进行修正，从而保持数据的完整性和精确性。这不仅能够解决因行使遗忘权而导致的数据不足问题，还能够帮助提升算法决策的准确性和可靠性。

此外，每次数据收集都需要获得相关民事主体的同意，这在我国庞大的人口基数下显然难以实际操作。再加上各大互联网企业普遍推行"不同意，禁止使用"的不平等条款，使得数据的采集变得更加困难。这种情况下，形成了所谓的"信息孤岛"困境，即数据无法流动和共享，影响了算法模型的完善。如果在这样的背景下，不赋予民事主体数据变更权，不仅难以使算法模型更加完善，提升算法决策的精准度，还可能让数据主体继续遭受互联网企业的垄断和剥削。[1] 因此，要保障算法的精确性，同时维护民事主体的隐私权和数据权利，我们需要积极探索数据遗忘权与数据变更权的有机结合。通过赋予数据主体更改个人数据的权利，不仅可以弥补数据删除导致的算法数据不足问题，还能让算法更具针对性和精确性。这种机制可以促进数据的动态更新，使算法在尊重个人隐私的基础上，保持其高效运行。同时，赋予数据变更权也是对互联网企业"霸王条款"的有效制衡，确保数据主体不被强制剥夺选择权。通过建立更加合理的数据权利体系，让个人能够主动管理自己的数据，最终实现算法优化与个人权利保障的双重目标。这是我们共同努力的方向，也是数据隐私保护和算法技术进步的必然路径。

---

[1] 参见孙建丽：《算法自动化决策风险的法律规制研究》，载《法治研究》2019 年第 4 期，第 108~117 页。

（二）成立算法安全委员会

在欧美学者看来，算法自动化决策风险的法律规制更倾向于外部监督，具体的路径通常是通过设置法定的算法解释权，要求算法设计者和运营者承担公开计算机源代码的义务，以此提高算法的透明度。然而，若我国希望借鉴这一模式，除了参考现有的理论成果外，还需结合自身实际，建立针对算法审查和解释的规章制度，例如设立算法安全委员会。一方面，我国在人工智能领域无论是技术还是理论层面，相较于欧美仍略显滞后，当前的创新更多集中在应用层面，而基础研究、技术生态和标准规范方面仍有较大差距。另一方面，从我国的实际国情来看，人工智能和大数据领域的人才短缺仍是亟待解决的问题。此外，算法决策的复杂性和高度专业性使得信息披露与解释具有较高门槛，普通民众很难深入理解算法的运作原理。即使公开源代码，公众也难以有效监督。因此，若能设立一个专门负责算法审查和监管的算法安全委员会，将有助于解决自动化决策算法的源代码披露与解释问题。该委员会能够有效监督算法设计者和运营者，确保其遵守透明性要求，并及时应对算法带来的潜在风险。这一机制不仅能够缓解算法技术带来的复杂性问题，还可以为我国算法治理提供更具专业性的保障。通过这种委员会的设立，我国能够在算法审查和标准化方面逐步完善相关制度，确保算法透明度和合规性的同时，兼顾商业机密的保护。最终，这种机制将有效促进我国在人工智能领域的技术进步，同时提升算法风险规制的水平和效率。

首先，算法安全委员会的成立将有助于有效推进计算机源代码的披露工作。如上文所言，自动化决策算法技术细节公开在实践中尚存在很多可行性障碍。该项工作的专业性导致普通民众无法成为算法计算机源代码披露义务的接受群体，其涉密性也往往会增加企业商业秘密、个人隐私泄露的风险。在格外重视商业秘密保护的美国，这种可能泄露商业秘密的算法公开方式显然并不会得到法院支持。不过就我国的具体国情来讲，并不应当因为惧怕商业秘密、个人隐私泄露就一刀切地否定算法公开。事实上，就目前已知的自动化决策算法规制工具来说，并不存在一种完美的不会带来其他风险的工具。因此，美国这种因噎废食的做法不可为我国政府和司法机关所取。由此，如果采用上述做法，就必须采取另一种制度来最小化算法公开所带来的副作用，这种补充制度就是算法安全委员会。由于算法安全委员会所涉及的人员较少，所以完全可以通过向算法安全委员会的工作人员添加保密义务的方式保护算法企业的商业秘密以及作为算法决策数据来源的公民个人隐私。其次，该制度有助于明确算法解释的主体和对象不明确问题。算法解释权建立的困难之处，不仅仅是因为高阶算法很难预测和很难控制，还是因为算法解释的主体和对象是十分模糊的。就目前我国的算法产业发展现状来看，自动化决策算法的运营者以及设计主体具备专业技术素养和可接触性来开展算法解释，由算法安全委员会来作为监督者，即作为真正需要解释的权利人的代表，显然更能提高算法解释的实效。

其次，算法是一种自动化处理工具，其可以帮助人类更好地完成一些大批量的机械化工作，便利人们的生活。例如，人工在某法律文书网站上搜索并下载大批量的数据资料进行实证分析研究会消耗大量的时间成本，但是如果由算法设计人员针对性地设计一种爬虫自动化搜索下载算法就可以更快更高效地完成上述任务。也正因为此，算法的解释工作并不能由"需要搜索下载资料开展学术研究的学者"负责，因为其在不可能知情的情况下根本不了解算法的实际运行逻辑与各项技术参数。其次，由于算法自动化决策所针对的决策相对人往往并不是特定的，因此算法侵权受害者往往人数众多，如果按照正常的逻辑，算法解释主体就需要向这些人数众多的错误决策受害者分别解释算法技术信息，这无疑非常耗时低效。此时可以借鉴民事诉讼中的诉讼代表人制度，由算法安全委员会来充当受害者们的代理人负责接受算法设计人或使用人的解释。

最后，上述算法工作，如算法决策逻辑解释，涉及高度专业的计算机信息技术知识，包括随机性原理等常人并不掌握的技能，因此由具备技术专业性的算法安全委员会代为接受算法解释以及进行算法检验，更能够实现效率与公平的统一，从而更高效地保护受害人的合法权益。

欧盟和美国的专家认为自动化决策算法的审查主体不一定必须由国家机关充当，应充分调动算法企业、公共组织等社会力量，共同致力于算法的审查和监管。但是我国的算法行业力量与发展水平与欧美国家不可同日而语，因此在算法评审监督主体的确认上不能照搬欧美经验。根据我国目前政府的社会现状，应当由政府牵头设立特定行政机构主管相关算法工作。由此，也可以充分发挥行政权力主动性、预防性的优势，实现对自动化决策算法的事前监管。

算法安全委员会职能应当包括事前行政许可和审查以及事中监督，促使算法产业健康发展。此外，算法安全委员会可以通过立法予以广泛和集中授权，来规制应用深度学习技术的自动化决策算法的不确定性决策风险。比如算法安全委员会可以对恶意使用算法进行侵权行为的行为人，按照侵权行为的利润或营业额的一定比例给予处以罚款。设立算法安全委员会专职负责自动化决策算法技术的应用与算法产业发展，可以最大限度地维护算法技术的发展利益，同时也能督促算法产业从业人员合规合法设计、研发、使用自动化决策算法。

(三)合理构建算法侵权责任机制

人工智能时代，虽然算法技术本身中立，但是当其由人操作并且介入人们的经济生活时，其所产生的法律后果并不能用技术中立得以抗辩。就像本章第一节所言，有一些人在无形之中可能就被信息茧房包围，成为不公平算法决策结果的受害者。从前文可知，算法改善了人们的生活方式，但是在其使用的过程中可能会发生一些侵权的行为。所以，对算法侵权进行立法规制十分重要，其主要需要考虑以下几点：

首先，算法侵权相关关系的判定。在司法实践中，算法侵权成立的关键在于是否存在算法决策与受害人损害之间的因果关系。然而，由于算法的决策逻辑通常基于相关关系，而非人类思维中的因果关系，因此，对于算法侵权的认定应采用不同于传统侵权责任的规则。新的认定标准应关注歧视性算法决策结果与损害后果之间的相关系数。通常，比较合理的算法模型相关系数应达到 0.8 以上，才能判定该算法决策具有可信性。如果变量之间的关联性较弱或不存在，则该算法决策结果不具备可靠性，若该结果侵犯了他人的合法权益，算法的设计者或运营者应承担相应的侵权责任。

其次，算法侵权责任主体的明确。当歧视性或其他不公平的算法自动化决策损害到权利人的民事权益时，首要讨论的是谁应承担侵权责任。一般而言，首先应由算法的最终使用者承担责任。如果算法的设计者也存在过错，最终使用者可以向其追偿。算法设计者是否有错的判断依据因情况而异：如果算法设计者在设计过程中未遵循标准生产设计要求，或违反人工智能伦理及相关法律，导致第三人受到损害，那么设计者应承担损害赔偿责任。但是，如果损害是由于算法的深度学习技术自主学习所引起，与设计者的直接设计行为之间存在较为间接的关系，那么要求设计者承担损害赔偿责任可能显失公平。这种情况下，设计者的过错相对较小，因此责任应当适当减轻或转移。

最后，算法侵权责任方式的界定。歧视性或其他不公平的自动化决策不仅会损害公民的财产权，还可能造成严重的人格权损害。例如，优步自动驾驶汽车闯红灯，谷歌的图像处理系统将黑人识别为大猩猩，以及人工智能机器人发表不当言论或种族歧视性观点等。这些行为不仅侵害了受害人的人格尊严，还可能导致社会不公和歧视的加剧。因此，在处理算法侵权案件时，责任方式的界定应包括对受害人财产与人格权的综合保护，确保权利人的权益得到充分救济。如果出现前述人身或财产损害后果时，算法运营主体应当采取必要措施如发布警示公告和召回算法产品，进而避免损害后果扩大化，并对受害者进行相应的赔偿。①

算法自动化决策还可能会产生歧视性决策等损害决策相对人人格权的决策结果。对因算法的决策结果错误而遭受精神损害的受害者，算法的设计主体和运营主体还应当承担人格权侵权责任。

因此，如果我国将来要对算法歧视进行立法，那么就可以按照以下的规定进行：算法的设计主体或运营主体应当为自己的过错所促成的算法侵权损害承担民事赔偿责任。受害人可向算法的设计主体或使用主体请求赔偿，如果损害是因为使用的过错造成的，那么设计者对受害者进行赔偿后就可以向算法的适用要求追

① 参见孙建丽：《算法自动化决策风险的法律规制研究》，载《法治研究》2019 年第 4 期，第 108~117 页。

偿，如果是因设计者的原因造成的，那么算法的使用者也可以向设计者追偿。如果因为算法的缺陷而导致他人的人身和财产安全受到了损害，那么受害者就可以请求算法的设计主体或使用主体承担财产权及人格权侵权责任。如果算法的缺陷是在投入运营后被发现的，那么算法的设计主体或运营主体可以援引现有技术抗辩，但是应当采取必要措施避免损害后果扩大，否则必须就算法决策失误所引起的损害扩大部分承担侵权责任。如果算法的设计者或使用者明知算法存在缺陷而依然使用的，对他人的人身和财产造成损害的，受害者可以请求法院适用惩罚性赔偿制度。如果因为由于深度学习技术而造成算法决策逻辑变化后作出损害他人民事权益的决策的，设计者如果没有过错，则可以免除其责任。

第三节 欧美化解算法决策风险的理论探究

有学者提出，自动化决策算法所引发的风险实质上就是新技术的产生所带来的副作用，因此，自动化决策算法风险治理归根结底要处理好这项技术与人类之间的关系。[1] 我们应当始终坚持科技创新的根本目的就在于便利人们的生活，用自动化决策算法这一新技术致力于实现人民对美好生活的向往。但是我们在看到自动化决策算法为人类创造的光辉前景的同时也要注意其所带来的新的挑战，即会有人假借技术中立而损害广大的人民群众的利益，尤其是用算法决策的正确性为借口来行使少数人的集权，即所谓的算法暴政。[2] 在政府行政活动中应用自动化决策算法时，行政机关应当树立算法风险意识，切不可完全依据自动化决策算法生成的结果来作为做出行政行为的依据，否则势必导致行政权力的弱化。对此，行政机关有必要建立应用负面清单，对于涉及行政相对人重大利益的行政活动应慎重对待自动化决策算法的结果，尤其是那些可能产生重大社会影响的行政

① 参见田丰：《算法决策：应用、风险与治理》，载《财经智库》2021年第5期，第126~152页。

② Katherine Drabiak, Caveat Emptor, *How the Intersectionof Big Data and Consumer Genomics Exponentially Increases Informational Privacy Risks*, Health Matrix, Vol. 27, 2017, p. 143.

活动。

此外，我国应当重视完善算法立法，大力推进算法法律制度建设，建立多层次的法律规范体系，全方位规制算法自动化决策风险。我国在 2021 年 8 月 20 日表决通过，自 2021 年 11 月 1 日起施行《个人信息保护法》。这部法律的出台基本奠定了算法风险规制的基本法律框架，界定了行政活动以及商业活动中自动化决策算法合理使用的边界。

关口前置，注重风险预防。因为人工智能处理问题的能力是不一样的，依据智能程度不同可分为强、弱以及超强三个档次。弱人工智能已经随着技术的进步而在人类社会得到了广泛应用，如半自动驾驶汽车。当前人工智能技术研发人员正在向与人类能力相仿的强人工智能的境界靠拢。世界范围内的人工智能专家们达成了一致意见，那就是到 2050 年左右就可以实现强人工智能了。考虑到这一点，我们现在的立法研究不仅应该着眼于弱人工智能技术的算法风险规制，还要考虑到不久的将来就能实现的强人工智能技术的算法风险的防范，同时还要考虑将来的强人工智能技术的算法风险的防范。

加强事前的自动化决策算法影响评估。《个人信息保护法》已经基本奠定了算法风险规制的基本法律框架。根据该法第 55 条规定，自动化决策算法运营方应当对相关算法决策进行事前风险评估，这里的自动化决策算法主要是利用敏感个人信息，因此有很强的风险评估必要性。此外，在前述风险评估的基础上，还可以通过对算法本身性质、网络环境因素等方面的评估继续构建算法决策评估分级制度，并以此提高算法自动化决策的可预测性、可解释性以及稳定性。

提高算法决策透明度。我国《个人信息保护法》第 24 条对此作出了相关规定，明确要求算法自动化决策必须具备过程透明性和结果的公平正当性，个人信息处理者对此负有法定义务。此外，该条还特别针对"大数据杀熟"问题作出了回应，规定不得对消费者在交易价格等交易条件上实行不合理的差别待遇。该立法条款旨在解决算法偏见、不透明以及歧视风险，并对个人信息的主体提供全面保护。这一规定的核心目标是确保算法的透明与公正，防止因信息不对称或算法歧视而损害消费者的合法权益。然而，必须认识到，算法本身具有复杂性和差异性。部分高级算法由于其复杂性和高度专业化，可能难以被追踪和解读。这种技术障碍使得部分算法的透明性和可解释性成为挑战，尤其在深度学习和神经网络等复杂领域。因此，除了立法层面的规范，我们还应当大力推动算法技术的发展，特别是加强可解释性算法的研究。这将有助于防止类似"大数据杀熟"这样的现象发生，确保算法在复杂技术背景下的可控性。同时，发展相关技术也能提高算法决策的透明度和可追溯性，进一步减少因算法不透明导致的公平性问题，从技术层面为公众权益提供更强的保障。

加强算法专业人才培养至关重要，因为算法是未来人工智能技术发展的核心驱动力。目前，我国在自动化决策算法技术的学科建设方面已经取得了显著进步，但未来仍需要培养大量的专业技术人才，以满足行业的快速发展需求。为此，必须进一步推动算法学科与其他学科的交叉融合，特别是加强与人工智能、数学、法学、社会学等基础学科的结合，通过学科融合提高算法技术的深度与广度。此外，还需要加大基础算法人才的培养力度，特别是在推动原创性强、非共识的探索性研究方面，促进算法领域的自主创新能力提升。这不仅有助于拓展新技术的边界，也能推动我国在全球算法技术竞争中占据优势。同时，对于算法从业人员，不仅要注重其专业技能的提升，还应加强人工智能伦理方面的培训。随着算法在社会中的应用越来越广泛，算法开发者需要充分理解技术的社会影响，并遵循伦理规范，以避免在算法设计和应用中产生偏见、不公或其他伦理问题。通过这种方式，能够确保我国算法技术的健康发展，并为未来的人工智能应用奠定坚实的基础。

在全社会范围内加大算法风险相关知识的宣传，提高公民相关意识。算法经济组织要将科技向善的理念贯彻到底，树立科技伦理意识，构建坚实的自动化决策算法防火墙，防止资本力量带偏算法技术应用方向。在算法投入使用后，运营者应当采取技术性保护措施，避免决策算法系统受到恶意侵入和操控，同时也要建立突发情况紧急预案，在紧急情况下能够及时地授予相关人员适当的权限来解决问题。社会层面应当开展自动化决策算法风险方面的普法宣传活动，而有关媒体应当结合相关算法风险实际案例开展专家座谈会等多种形式的宣传活动。

　　构建算法问责制度。传统物权法客体大多是有形物，智力产品较少，更别提较为新颖的算法，因此，要想精准地追究责任人的责任，将产品明确地界定是其前提。比如，自动驾驶汽车这种商品，其中所镶嵌的算法技术属于目前科技前沿领域，根据现有技术往往很难发现其中隐藏着的技术缺陷，而且自动驾驶汽车直接关系公共交通安全，一旦其中的自动驾驶算法出现决策失误，往往会引发公共交通事故，具有很大的社会危害性。对此，在自动驾驶汽车算法缺陷认定上应当双管齐下，即当汽车所有人能够证明该产品未达到设计标准，或能够证明其按照正常的驾驶方式驾驶，不存在其他事故发生原因，就应当确定该自动驾驶汽车算法存在技术缺陷。除此之外，鉴于自动驾驶汽车引发事故的巨大破坏力，应当充分运用强制保险制度，如自动驾驶汽车强制责任险和自动驾驶汽车产品责任险，分担侵权责任人所需要承担的重大侵权责任，同时也可以保障自动驾驶汽车算法事故受害人的求偿权得以顺利实现。

第五章 算法自动化决策的法律治理

第一节 增设数据被遗忘权和更改权

一、被遗忘权概述

(一)被遗忘权的定义

按照欧盟相关部门的定义,"被遗忘权"是指被收集信息者能够要求算法数据收集者将其此前收集的与被收集信息者个人信息有关的数据从收集者的数据库中永久删除的权利。① 这一权利的例外是保留相关个人数据有合法的理由。形象地说,就是抹去互联网对于相关的个人数据的记忆。② 还有人认为"被遗忘权"应该是指,如果数据控制者没有保持其收集数据信息的合法基础,那么当被收集数据者有权要求信息控制者删除他们系统中所存储的相关信息。③ 这一权利意味着数据主体对于谁能获取他们的个人信息的控制。数据主体提出要求后,除非有欧盟成员国法律中规定的相关例外情形,数据收集者都必须立即删除其所收集的权

---

① 参见杨立新、赵鑫:《〈个人信息保护法〉规定的本土被遗忘权及其保护》,载《河南财经政法大学学报》2022 年第 1 期,第 60~71 页。

② European Commission, *A Comprehensive Approach on Personal Data Protection in the European Union*, Business Law Review, 2012, p. 17.

③ S. Kulevska, *The Future of Your Past: A Right to be Forgotten Online?*, http://www.chilling.effects.org/weather.cei? weatherid=769, visited by, 2015-01-20.

利人的数据。也有学者认为，"被遗忘权"就是赋予当事人权利去删除自己曾经上传到互联网上的包含个人信息的数据。[①]

(二)被遗忘权的缘起

传统"遗忘权"是大数据时代个人信息被遗忘权的滥觞。传统的遗忘权在20世纪70年代的法国是一项法定权利，其目的在于保护犯罪者的犯罪记录免于被他人所知晓，以免阻碍他们重新回归社会。遗忘权权利人在所判处刑罚执行完毕后有权要求他人为其犯罪及受刑记录保密。[②] 这种遗忘权类似于"隐私保护权"，其有利于犯罪人以正常公民的身份重新回归社会，避免其由于犯罪记录而无法正常享有公民权利。但是这种遗忘权的权利主体并非一般公民，而是受到过刑事处罚的罪犯或有相关不良行为记录的人。

随着互联网技术的长足发展，大数据搜集、存储分析的技术渐渐成熟，一般人都可以在不具备高度专业技能的情况下，未经相关权利人的同意而利用这些互联网技术搜集、处理与利用公民个人信息。这在事实上降低了信息主体对其隐私及个人信息的控制能力，传统的被遗忘权所适用的权利主体范围急需扩张以便保护一般公民的隐私及个人信息不受他人随意支配。被遗忘权在大数据时代中有着不同于传统遗忘权的内涵和外延，其是针对大数据时代下个人信息被肆意传播、收集、利用的现实问题而应运而生的。

二、被遗忘权的权利内容

被遗忘权，顾名思义，是指权利主体有权要求特定主体"遗忘"其相关数据或个人信息的权利。这里的"遗忘"是对删除相关数据的形象表达，实际上是指将权利主体的个人信息从特定的数据收集者的数据库中删除。换句话说，权利主

---

① 参见吴飞、傅正科：《大数据与"被遗忘权"》，载《浙江大学学报(人文社会科学版)》2015年第2期，第72页。

② Jeffrey Rosen, *Free Speech*, *Pricacy and the Web that Never Forgets*, Journal on Telecommuications & High Technology Law, Vol. 9, 2011, pp. 345-356.

体可以要求数据收集者停止保存和使用其个人信息，实现信息的"遗忘"。需要明确的是，被遗忘权的义务主体并非指对权利主体信息拥有较好记忆的自然人，而是指数据收集者，即那些存储和处理个人信息的主体，通常是企业、机构或平台等。这意味着企业作为数据收集者，有义务在符合法律要求的情况下，按照权利主体的请求删除其个人信息。

对普通公民而言，被遗忘权是指公民有权要求收集包含其个人信息的数据收集者删除其数据库中存储的相关数据或停止处理、索引、访问该数据。因此，我们可以推断出被遗忘权的删除内容权能及解除对内容的索引权能。删除内容权是指，权利人有权要求数据收集者删去包含其个人信息的数据；解除对内容的索引权则是指，权利人有权要求网络搜索引擎提供主体停止向大众提供涉及权利人个人信息的索引服务。这一权能在部分案例中得到了实践，很多权利主体通常只要求百度、谷歌这类网络搜索引擎提供商停止继续提供索引服务，而非删除相应的数据源。

三、我国法律中的"被遗忘权"

我国虽然是目前世界上网民数量最多的互联网信息大国，但是互联网法律规制相较于欧美国家尚有不足之处。例如，在数据保护、隐私保护等领域，我国仍然缺乏完善的法律制度对人肉搜索、大面积个人数据泄露等新型互联网侵权行为予以有效规制。随着网民的个人信息权利意识的不断提升，我国有必要借鉴欧美等国的互联网法律制度引入被遗忘权进而规制算法自动化决策的滥用。同时，引入被遗忘权制度也有利于完善我国国家治理体系和实现治理能力现代化。由此可见，引入被遗忘权制度在我国算法自动化决策应用日益广泛的国情下具备迫切的必要性。

实际上，被遗忘权的重要性已经被我国许多互联网企业注意到，许多互联网企业在实际运作中已经开始贯彻被遗忘权的制度内涵。在法律层面上，我国虽然没有明确规定被遗忘权制度，但许多部法律、法规以及行政规章中都有类似的规定，这些类似规定为我国日后引入被遗忘权制度提供了可行性和立法基础。

四、被遗忘权的引入必要性

(一)个人信息保护立法世界趋势所向

纵观各国在数据被遗忘权上的立法进展,欧盟的法律制度最为完善,其率先提出了"被遗忘权"这一概念。这反映了欧盟在保护个人信息权利方面的高度重视和持续努力。欧盟有关数据被遗忘权的立法不仅在欧洲内部产生了深远影响,也对全球许多国家产生了重大触动,促使许多国家将被遗忘权纳入其法律体系,或在某些方面予以部分法定化。例如,美国虽然没有像欧盟那样全面采纳被遗忘权,但在一些州吸收了欧盟相关规定的精神,推行了允许删除特定犯罪记录和逮捕记录的法案。这些法律旨在为曾经犯罪的人提供重新融入社会的机会,减轻过往记录对其生活的长期负面影响。这一举措显示了美国在特定背景下对隐私和数据权利的保护,尤其是在帮助犯罪者重归社会方面,显示出数据遗忘权在不同行政区域的灵活应用。欧盟的被遗忘权立法无疑推动了全球对数据隐私保护的重视,也引发了世界各国对如何平衡数据保护和公众利益的广泛讨论。此外,为了保护公民的信息安全,美国政府还基于本国数据安全而签订了一系列保护性协议。

澳大利亚在引入欧盟"被遗忘权"时对该权利的适用范围进行了限缩,将其仅限于公民发布于虚拟空间中的信息。此外,澳大利亚将该权利命名为"被删除权"(deleted),以区别于欧盟的"被遗忘权"(forgotten)。这一命名反映了澳大利亚对该权利的不同理解,侧重于信息的删除,而非完全"遗忘"的概念。从全球范围来看,大多数国家和地区正积极推动"被遗忘权"的法定化,以应对信息化时代带来的法律挑战。现代社会中,个人信息的长期留存和滥用可能对隐私权构成重大威胁,因此,推行被遗忘权或类似权利,成为各国立法的应对策略之一。总的来说,被遗忘权在推动个人信息保护方面起到了至关重要的作用。它不仅赋予个人在信息时代掌控个人数据的能力,还能有效防止个人隐私被长期滥用或公开,从而保障公民在虚拟空间中的隐私安全。这一权利的广泛立法实践也体现了全球各国对数据权利保护的重视和努力。

（二）实现数据删除

在互联网环境下，一旦公民将某一信息上传，该信息就极大可能会由于其他网络使用者的传播而导致最初的上传者丧失对其的控制。上传者仅凭借自己的能力无法删除互联网上的相关信息。而解决这一数据删除困境正是被遗忘权制度的主要制度价值所在。数据能否被删除对于公民的人格自由至关重要，并直接影响公民的健全人格发展及对人生目标的自由追求。

罪犯由于接受刑事处罚而遗留的负面记录是典型代表，相关负面记录会直接导致其被社会大众所排斥，以及遭受公众的歧视，从而为其重新回归社会创造巨大障碍。被遗忘权制度则可以通过删除其前科记录维护行为人的人格利益，促使其重新回归社会。① 被遗忘权制度隐藏着社会对于肇事者过错的宽恕，这也是预防再犯罪的必需。肇事者需要通过匿名生活来开始新的人生，而这一步必须建立在负面标签可以被去除的前提下。总之，"没有忘记，就没有宽恕"②。遗忘是原谅的必要条件。社会或者被害人对于肇事者的原谅必须伴随遗忘其负面形象，借此，肇事者才能够塑造新的社会形象。不幸的是，大数据时代极大地提高了某一信息被公众忘却的难度，因此，被遗忘权的制度价值得到了更大的彰显。

五、被遗忘权的引入可行性

第一，我国在逐渐接受被遗忘权。尽管在这一权利制度的提出之初，我国政府对被遗忘权持观望态度。近年来，出于数据保护需要，我国不断完善数据保护的相关法律制度。被遗忘权虽然尚未被明确立法规定，但纵观我国近年来关于

---

① 参见刘静怡：《社群网络时代的隐私权困境：以 Facebook 为讨论对象》，载《台湾大学法学论丛》2012 年第 1 期。

② Meg Lega Ambrose, Nicole Friess, Jill Van Matre, *Seeking Digital Redemption*：*The Future of Forgiveness in the Internet Age*, Santa Clara Computer & High Technology Law Review, Vol. 29, 2012, pp. 99-110.

"删除权"的法律规定，很多规定已经在事实上暗含了被遗忘权，这也反映出了我国在面对个人信息保护问题时逐渐对"删除"权利由中立态度转向了支持态度。而散布于各部法律法规及行政规章中的"被遗忘权"类似规定也为这一制度的最终引进提供着坚实的法律制度基础。

第二，确立被遗忘权与我国互联网企业的业务实践相契合。目前，以"微信"的朋友圈为例，微信使用者在使用该项服务时可以选择将与自己相关的信息被大众获取的时间权限设定为"三天"或者"半年"等；而另一互联网企业巨头微博也推出了用户动态的大众可见时间权限。这些例子说明，互联网行业内已经形成了对被遗忘权规则内涵的普遍认同。将被遗忘权立法化，能够将目前互联网服务商们的先进实践转变为切实的法律依据，从而可以更好地保护互联网用户的数据权利。

第三，被遗忘权的可执行性不断加强。被遗忘权的制度效果，即数据遗忘效果是我国引入被遗忘权需要考虑的最重要的因素之一。从实践中可以发现，如果仅仅删除相应信息的搜索链接，人们依然可以通过检索与信息主体相关的关键词来获取相关数据，这就极大地削减了被遗忘权的数据遗忘效果。伴随 AI 技术及自动化算法的发展，算法已经可以实现在互联网中删除特定信息的功能，例如特定人在互联网中的个人信息。此外，这种算法还可以随时进行信息删除等处理操作。算法技术的发展为解决被遗忘权的执行难题提供了强大的技术支持，并极大地增强了被遗忘权的可执行性。[1]

六、被遗忘权实际运行困境

第一，如何协调被遗忘权与言论自由权、知情权等基本权利的关系是被遗忘权的实际运行难题之一。按照目前各国的法律实践，被遗忘权所针对的信息对象是互联网上合法公开的信息，而不包括通过传统媒体公开的信息。因此，被遗忘

---

[1] 参见陈新平、何双：《我国被遗忘权构建基础与路径探析》，载《河北工业大学学报（社会科学版）》2021 年第 3 期，第 65~70 页。

权是否适用于国家元首或体育明星等具有公共身份的主体尚不明确。

第二，被遗忘权受到法定数据留存期间的限制。我国没有将数据留存法规法典化，而是通过单行法律法规及行政规章来规定数据留存制度。我国 2016 年通过的《网络安全法》规定的网络日志留存时间不应少于六个月;[1] 2014 年施行的《网络交易管理办法》对交易信息记录备份的保存时间作出了明确规定。[2] 这一法定数据留存期间制度的存在意味着，即使个人信息的处理目的已经完成，信息主体在行使被遗忘权时，仍会受到该法定数据留存期限的限制。换言之，法定的数据留存期间实际上构成了对被遗忘权的一种法律例外。这意味着在特定情况下，数据收集者有法定义务在一定期限内保留个人数据，信息主体即便提出删除或"遗忘"数据的请求，仍不能完全立即删除。这种限制旨在确保数据留存满足法律或监管要求，例如出于交易记录备份、法律合规或可能的争议解决等目的，暂时保留相关信息。

第三，互联网信息技术的发展现状对被遗忘权的制度效果构成了制约。被遗忘权的执行依赖于一种能够良好管理用户数据的技术工具，以构建一个具备先进功能的计算机信息系统，从而使用户能够对其特定信息进行事前管控。然而，当前的技术手段仍然面临信息量巨大、数据分散存储等问题，难以全面实现对个人信息的精确控制和即时删除。目前，许多信息系统由于技术限制，在处理和删除特定数据时，无法完全实现对用户个人信息的全面控制。这不仅影响了被遗忘权的及时执行，还可能导致部分数据的持续存留，甚至无法完全消除。因此，被遗忘权的有效实施需要依赖于互联网信息技术的进一步发展和完善。只有当技术工具能够在大规模数据处理和存储管理方面取得重大突破，才能有效支持用户对个人信息的管控和删除权利。因此，推动被遗忘权的真正落实，需要互联网技术的长足进步，包括提升信息系统的数据管理能力、优化信息追踪与删除机制等。这些技术进步将为被遗忘权的广泛实施提供必要的支持，使得个人信息保护能够在

---

[1]　参见《中华人民共和国网络安全法》第 21 条。
[2]　参见《网络交易管理办法》第 20 条:"从交易完成之日起不少于两年。"

技术层面上得到切实保障。

第二节 设立算法安全委员会

公布算法往往只是公开其中由计算机代码组成的算法语言，而没有接受过计算机技能培训的普通公民是难以理解这种非自然语言的算法语言的，因此，要通过算法公开来化解算法自动化决策风险依然具有许多难题需要解决。此外，近年来，深度神经网络学习技术的发展，算法自动化决策的过程变得不具有可解释性。事实上，作为算法自动化决策基础的大数据所力图发现的并不是因果关系，而是相关关系。这加强了算法的不可解释性。① 对此，披露计算机源代码和算法解释等工作只能依靠专业人员。美国著名计算机科学家 Ben Schneiderman 最早提出了 National Algorithms Safety Board 的主张，即设立国家算法安全委员会。②

1. 算法安全委员会的设立有助于对算法自动化决策使用的高效监督

通过算法安全委员会，人们可以实现对算法自动化决策使用的高效监督。这一提议对于我国算法决策风险防范具有重要借鉴意义。③

皮勇教授认为，单纯的刑罚威慑并不足以在人工智能时代背景下督促生产者切实履行自动驾驶汽车算法安全管理义务，我们还需要作更多的努力对包括自动驾驶汽车在内的人工智能产品的算法安全进行事前和事中的监督、检测。国内目前已经发生的部分案例已经充分暴露了算法对社会公众安全所带来的巨大负面影响。对此，设立一种具备算法专业知识的专门机构来负责对商业化运行的算法进

---

① 参见丁晓东：《论算法的法律规制》，载《中国社会科学》2020 年第 12 期，第 144 页。

② Shneiderman B, *The Dangers of Fauity, Biased, or Malicious Algorithms Requires Independent Oversight*, Proceedings of the National Academy of Sciences, Vol. 113, No. 48, 2016, pp. 13538-13540.

③ 参见张涛：《自动化系统中算法偏见的法律规制》，载《大连理工大学学报(社会科学版)》2020 年第 4 期，第 92~102 页。

行监督是至关重要的，而这种专门机构的典型代表就是算法安全委员会。①

实践中，公布算法就意味着要公布计算机源代码，而简单地面向普通公众直接披露算法则很可能会导致相关企业作为商业秘密来保护的算法被竞争者抄袭。设置算法安全委员会由其代表普通公众对计算机源代码的进行解读和审查既可以解决公众的认知盲点问题，又可以尽可能地避免商业秘密泄露、隐私泄露等侵权行为的发生。

2. 算法安全委员会的设立可以增强算法解释权的执行力

算法解释权的解释主体（由谁解释）和解释对象（向谁解释）不明确是关乎该权利执行效力的关键性问题。要想使得算法解释权在实际运作中具备一定的执行力，上述两个关键性问题必须得到妥善解决。从目前各种的算法解释实践来看，算法生产者、设计者和使用者通常充当算法的解释主体，而普通民众由于缺乏专业的算法自动化决策知识，并不适宜作为接受解释的主体。此外，普通民众数量庞大且分布较散，算法设计者等解释主体向其履行解释义务的成本过高。鉴于此，算法安全委员会的重要地位就凸显出来，其首先可以统一接受解释主体的解释，降低履行义务成本，这相当于实质上降低守法成本，而守法成本对于以营利为目的的商主体们至关重要。其次，该委员会可以运用相关知识及时检验算法是否存在某些对于公众安全构成巨大威胁的漏洞，化解潜在的算法危险。

3. 算法安全委员会能够提高算法安全审查和监管效率

在我国当前算法行业的发展条件下，算法行业内的自行监管力量十分薄弱，由某一行政机构集中行使算法审查和监管权更为符合现实情况。同时，为了加强该机构的监管实效，还可以赋予其一定的行政处罚权，对于滥用算法自动化决策侵害公民合法权益的行为予以处罚。目前来看，算法安全委员会就是上述行政机构的典型代表，其可以充当算法自动化决策发展的高级防火墙。

---

① 参见皮勇：《论自动驾驶汽车生产者的刑事责任》，载《比较法研究》2022 年第 1 期，第 69 页。

第三节　确立算法侵权责任机制

一、算法侵权相关关系

按照我国《民法典》侵权编的相关规定，构成算法自动化决策侵权的构成要件就包括算法决策与侵权损害后果之间的因果关系。然而，AI 算法决策所采用的计算机技术并不具有人脑所具备的因果关系认定能力，其只能依据 A 和 B 两个事物之间的相关关系来作出相应的决策。如果设计人员对于相关系数变量设置的弹性较大，那么就很容易导致算法决策化失误的可能性大大增强。一般来讲，只有相关系数在 0.8 以上时，其作出的自动化决策才具备一定的科学性。而当相关系数不符合上述标准时，那么不合格算法模型所作出的决策无疑需要为自己的侵权后果承担相应的法律责任。

二、算法侵权责任主体

原则上，算法自动化决策侵权的损害赔偿责任主体应为算法的使用者。如果算法设计者在设计算法决策规则时存在过错，算法使用者在承担损害赔偿责任后，可以向设计者追偿。算法设计者的赔偿责任大小取决于其过错程度，实际上，设计者对算法侵权的过错程度也直接影响其对算法风险的控制能力。因此，设计者的责任大小与其在算法设计中的风险管控能力密切相关。

（一）开发者责任

开发者责任的责任主体通常包括自动化决策算法设计者和生产者。该类侵权责任是指由于自动化决策算法在研发过程中未履行合理的安全管理义务致使算法决策规则带有不合理的缺陷导致的侵权责任。[①]

---

① 参见贺栩溪：《人工智能算法侵权法律问题研究》，湖南师范大学 2021 年硕士学位论文，第 89 页。

在认定算法开发者责任主体时，基于传统侵权法理论中的产品责任，尚不能直接得出结论。根据我国《民法典》侵权责任编中关于产品责任的规定，因产品存在缺陷而造成损害，产品的生产者和销售者应当承担不真正连带责任，最终由生产者承担主要责任。所以首先需要探讨算法是否可以归入产品责任中的产品进行分析和证成。其次，传统上产品设计者通常并非产品责任中的直接责任主体，故即使算法被认定为产品，算法设计者也不必直接对受害者承担侵权责任。产品责任主要集中在生产者和销售者身上，而设计者的过错与责任通常通过内部追偿机制进行分配。因此，关于算法设计者是否应当脱离生产者责任而直接对受害者承担责任，这一问题需要进一步探讨。算法设计者在算法规则制定中扮演重要角色，尤其是在涉及算法侵权时，其设计行为是否存在过错及其对算法风险的控制能力，应当成为决定其责任的重要考量因素。

1. 算法是否属于"产品"

根据我国《产品质量法》第2条关于产品的相关规定可以推断出产品的三个构成要件，即"经过加工、制作""用于销售"和"产品"。第三格构成要件有同义反复的嫌疑，本书认为这里的"产品"应当指"物品"。

（1）算法研发属于加工和制作。加工通常指在某一特定物体的原有物质形态基础上进行改造，从而提升其价值的行为，而制作则是指利用各种原材料创造出具有全新物质形态的新物品。两者都属于价值创造的活动。从这一点可以看出，加工与制作涵盖了人类通过劳动进行价值创造的基本形式。同样地，算法的诞生显然需要算法设计者和开发者投入大量劳动，无论是算法的构思、编写、优化，还是最终的应用，都体现了通过智力和技术付出而创造出的价值。因此，算法可以视为"经过加工和制作"的成果，符合通过劳动创造新价值的范畴。

（2）算法提供即销售。"销售"是指以盈利为目的将产品提供给消费者的行为。[①] 具体到人工智能算法的销售，一是通过将算法包含在某一特定物质产品中

---

① 参见周友军：《民法典编纂中产品责任制度的完善》，载《法学评论》2018年第2期，第139页。

予以销售，例如自动驾驶汽车；二是将算法包含在计算机软件中进行销售。值得注意的是，虽然大多数计算机信息系统软件可以在相应的软件下载网站中被"免费"下载，但是并不意味着这些软件可以真的被免费获得。进入互联网时代，互联网产品的对价并不仅仅局限于金钱，在很多情况下，流量才是消费者所付出的相应对价。因此，即使相应的算法在向消费者提供时未要求相应的金钱对价，但算法提供者的主观目的仍应当被推定为包含盈利。

（3）算法属于"物品"。算法既可以以物质实体存在于现实中也可以电磁形式存储于计算机世界中。前者如自动驾驶汽车，后者则如智能投顾等软件。虽然中华人民共和国法律并未对电磁记录的民法性质作相应的直接规定，但依照我国台湾地区有关规定，电磁记录亦属于动产。因此，本书认为算法具备产品的"物品"特征。

2. 算法设计者的侵权责任承担

有学者认为人工智能产品的设计者应当独立承担过错责任，通过向算法设计者施以合理注意义务来督促算法设计者合理地设计算法产品。[1] 事实上，泛化产品责任主体的产品责任早有先例。比如，部分学者早已主张航空器设计者应当为航空器产品侵权而承担相应的责任。[2]

算法作为高科技高度复杂的产品，其类似人脑的决策能力来源于算法设计者的设计工作。算法设计的高度专业性降低了生产者对自动化决策算法的质量控制能力。生产者受制于专业知识，根本不了解自动化决策算法的决策规则和依据。而且从当前的算法实践来看，算法侵权的大部分原因均为算法设计本身问题，让无法控制算法质量的生产者承担损害赔偿责任，而将真正具备风险防治能力的设计者排斥在侵权责任打击范围之外显然有失公平。如此设计的侵权责任规则根本不能起到促使生产者提高算法质量，减少算法侵权发生的作用。

---

[1] Callier, M. & H. Callier, *Blame It on the Machine*: *A Socio-legal Analysis of Liability in an AI World*, Wash. J. L. Tech. & Arts, Vol. 14, 2018, p. 49.

[2] 参见郝秀辉、王锡柱：《论航空产品责任的承担主体及其归责原则》，载《北京理工大学学报（社会科学版）》2016 年第 1 期，第 122 页。

然而，在算法设计者的侵权责任归责原则上，考虑到我国在构建产品缺陷的严格责任时，将"产品投入流通时科学技术水平尚不能发现缺陷"作为产品质量责任的免责事由之一，对于算法这一类高科技产品的设计者，采用过错原则更加适宜。因为算法作为一项不断发展的技术成果，其设计过程中可能面临技术局限和不可预见的风险。因此，将算法设计者的责任与其过错程度挂钩，能够更加合理地反映其在设计中的责任承担，既避免对技术创新的过度限制，又能有效防范因过失而导致的侵权行为。

(二) 数据提供者责任

1. 数据提供者定义

侵权法意义上的"数据提供者"有着特定的内涵和外延。尽管在源头上，数据均来自互联网用户所提供的个人信息，但互联网用户并非数据提供者。事实上，网络用户所提供的个人信息仅仅是信息，而非数据，这些信息在经过收集、处理等步骤后才会变成数据。那些从事信息收集、处理等操作的主体就是这里要讨论的数据提供者。网络用户们虽然在源头上提供了数据的制作原料——信息，但他们本身缺乏利用数据从事民事法律行为的意思表示，因此并不能将其视为一种法律行为，而其提供行为所产生的数据也不能作为承担法律责任的依据。①

2. 数据提供者责任的承担

数据是算法产品必不可少的组成部分，其在产品被设计开发或制造时嵌入，在销售时已然存在。但值得注意的是，算法产品中的数据处于时刻变化和更新的过程之中，比如计算机软件开发者经常会对其所开发的软件进行维护和更新。由于数据对于算法决策结果的影响巨大、算法运行对于数据更新的依赖性非常强以及数据提供者相对于算法设计者、生产者的独立性，所以由数据导致的算法侵权

---

① 结合我国《民法典》关于"信息处理者"以及《网络安全法》关于"网络运营者"的相关规定，数据提供者是指通过收集、处理、存储、管理和运营数据为人工智能算法自动化决策提供有偿数据信息资产的主体。参见贺栩溪：《人工智能算法侵权法律问题研究》，湖南师范大学 2021 年硕士学位论文，第 104 页。

应当由数据提供者来承担责任。在归责原则上，如果相关主体使用自动化算法处理数据，则宜适用过错推定责任以督促其对所使用算法尽到安全管理义务。

(三)算法应用平台责任

与嵌入自动驾驶系统等物质载体中的自动化算法不同，部分算法仅依赖于虚拟的算法应用平台即可正常运行，并为终端用户提供服务，例如百度的互联网搜索引擎和淘宝的网上购物平台。在这种情况下，算法应用平台责任是指，当平台企业提供的自动化决策算法服务对消费者或其他平台相关主体造成了人身或财产损害时，企业所有者或控制者应当承担相应的侵权责任。然而，就我国目前的法律规定来看，针对自动化决策算法平台企业的侵权责任规定仍然不够具体和完善。尽管这些平台企业在经济实力上相较于其他侵权主体较强，赔偿能力较为充足，但这也使得它们在实践中容易成为过度追责的对象。法律缺乏明确的责任界定，导致平台企业在面对侵权纠纷时，可能承担过多的责任，而这不利于保护企业的合法权益和激励技术创新。因此，有必要进一步细化和完善相关法律，明确算法应用平台的责任边界，以在保障受害者权益的同时，防止对平台企业的过度追责，平衡各方利益。

三、算法侵权责任方式

从目前的现实案例来看，算法自动化决策一旦出现错误决策，决策相对人往往会遭受严重的人身和财产损害。如自动驾驶汽车在我国频繁发生重大交通事故，某算法企业巨头所研发的算法识别软件将黑人的照片识别为大猩猩等。根据目前我国产品质量法的规定，当算法自动化决策给决策相对人造成损害时，该算法运营主体应当立即停用相关算法，生产者、设计者应当采取必要措施，例如向社会公众发布警示公告及向经销商和消费者召回算法产品，避免损失扩大化。对于受有经济损失的受害人，相关责任主体还应提供补偿款进而弥补损失。对于受害者的人格利益受损的，相关责任主体则应当赔礼道歉、消除影响。对于其中遭受严重精神损害的，责任方应当承担精神损害赔偿责任。

正如上文所述，算法决策所依据的是相关关系，所以算法决策侵权责任构成要件中的因果关系认定问题尤为困难。当多种自动化决策算法同时作用于某一决策而造成损害时，因果关系的认定问题将变得更加严峻。由此可见，在人工智能技术不断发展的条件下，以因果关系认定为基础的产品责任势必不能再兼容人工智能自动化算法侵权责任的构成要件。吴汉东教授认为，在特定侵权责任领域，归责事由将不再是主观故意或者过失，而是结果的对与错。这就意味着我们需要在人工智能自动化算法领域引入"风险分配"侵权责任，这一侵权责任依然是架构在传统的过错侵权责任的基础上的。[1]

第一，算法自动化决策所带来的风险会给决策相对人造成人身财产损害，因此，有必要将算法自动化决策所引发的侵权关系纳入侵权法的调整范围之内。由于算法设计的高度技术性，自动化决策算法设计者与决策相对人之间存在着事实上的权利不对等。决策相对人很难通过算法的计算机代码指令来分析其决策逻辑。因此，算法自动化侵权责任不宜适用过错责任，而采用无过错责任原则可以将设计者与决策相对人之间的风险进行合理分配。在归责原则之外，如何认定算法自动化决策侵权的因果关系及自动化决策算法生产者、设计者及使用者内部责任划分也是当前讨论自动化决策法律规制所急需解决的两大问题。

对于因果关系的认定来讲，鉴于上文所分析到的自动化决策算法设计者与决策相对人之间事实上的权利不对等，势必不能要求决策相对人承担完全的因果关系举证责任。对此，在设计自动化决策算法侵权责任因果关系认定制度时，应当参照目前我国《民法典》中关于产品责任的相关规定，让决策相对人承担一部分合理的证明责任，一旦决策相对人完成相应的证明责任，那么就应当推定相应的算法侵权责任因果关系成立。

第二，就算法侵权责任的责任人内部责任承担问题而言，相关算法开发者主要为算法设计者和算法运营者，前者能够熟练掌握相关算法程式，后者则能够将

---

① 吴汉东：《人工智能时代的制度安排与法律规制》，载《法律科学》2017 年第 5 期，第 133 页。

算法自动化决策技术高效率地纳入公司的实际运用以牟取商业利益。显然，由于主体的不同，侵权责任的承担也应有所不同。首先，根据现有抗辩技术原则，若设计者在设计自动化决策算法时，在当时的技术条件下，尽到了防止算法侵权的注意义务，那么就不应当要求算法设计者承担最终的侵权责任。此外，如果算法运营者由于自己在运营过程中未履行注意义务而导致自动化决策算法融入了歧视因子，那么算法运营者则应当对该算法引发的侵权责任承担主要责任。其次，如果算法设计者和运营者均未充分履行注意义务，导致相应的自动化决策算法带有一定的歧视因子，那么则需要承担连带责任。最后，如果算法设计者明知某算法中含有歧视因子或者未积极检验是否存在歧视因子就将相应的算法产品提供给运营者，那么基于对算法技术复杂性的考量，应由具备更高专业技能素养的设计者承担主要责任。在此情形中，算法运营者因为未能尽到筛查义务也对算法侵权后果难辞其咎，因此应当承担补充责任。

还有学者就算法侵权责任的承担提出了事前责任和事后责任的设想。事前责任主要是防患于未然，在算法自动化决策尚未引发实际的侵权责任之前所采取的规制措施，具体包括对算法决策所依据的数据及算法编码、运算的审查。事后责任则与一般的算法侵权责任追责原则大致类似，但其主张以"纯粹经济损失"原则来拉长算法侵权行为与损害后果之间的因果关系链条，最大限度地保障算法决策相对人的合法权益。①

第四节　建立应用场景负面清单

由于算法自动化决策技术在当前发展阶段所暴露出来的风险，限制其适用场景从而最小化技术风险就显得意义重大。首先，机器学习技术尚处于弱人工智能时代，这就意味着我们不能毫无顾忌地在任何场景中适用机器学习。其次，在需

---

① 参见王夙：《人工智能发展中的"算法公开"能否解决"算法歧视"?》，载《机器人产业》2019 年第 3 期，第 18 页。

要高度人类情感介入的价值判断领域，算法自动化决策技术尚无法作出恰当的决策，其在模拟人类感性思维的时候依然有难以克服的技术障碍。最后，在当前的刑事司法实践中，人工智能算法的应用需要刑事司法工作人员加强对司法规律的认识和把握，而不能一味主张算法的技术引领作用。

在刑事司法领域，人工智能应用的限度必须体现民主、法治和人权的刑事诉讼价值和当前算法技术的实际发展水平。对于可能损害刑事司法当事人合法权益或者不利于实现民主、法治和人权价值的算法应用都必须予以禁止。对此，可以建立应用负面清单，在案件事实认定等领域阻止算法自动化决策技术的介入。值得注意的是，随着算法技术的不断提高，相应的负面清单会产生动态变化。

一、在司法实务中设立负面清单的理论基础

（一）法律监管理论

在司法实务中，算法自动化决策的适用领域必须予以严格限制。根据法律监管理论，我国应该有针对性地制定相关法律规范，监督司法实践中自动化决策算法技术的具体应用。算法技术发展变化较大，而由此产生的不确定性因素所带来的不合理后果不容忽视，而运用具有稳定性的法律来消解其所带来的弊端无疑至关重要。

（二）法律与伦理关系论

对于案件的审理，真实的法官无疑都会考虑一定的伦理道德，尤其是在明确确立公序良俗原则的民事诉讼领域。由算法自动化决策来审理案件则很可能无法合理处理天理、国法和人情三者之间的关系，而只是教条地机械适用法律规定。由此来看，算法决策很可能会忽略掉案件的社会效果。就目前的算法技术发展状况来看，算法逻辑尚无法具备模拟人类情感的能力，更无法树立相应的价值观和社会伦理观。因此，自动化决策不能在需要伦理判断的场景下被应用。

（三）法律解释的社会效果

人工智能算法不宜进行法律解释等司法活动。算法在进行法律解释时很可能会采用数字、公式等机械化的方式向公众论证其合理性。但引起不良社会效果的法律解释往往就是因为采用了机械的公式解释方法，例如天津大妈气枪案，机械地运用三段论论证给出的结论无疑就是案涉气枪属于刑法中所述"枪支"，而这一结论在事实上很难得到普通民众认可。这是因为，利用气枪来进行射击游戏的摊位在中国并不罕见，普通公众对此也并不感到陌生，而这一因素恰恰不会为自动化决策算法所考量。任凭算法进行上述解释无疑会消解民众对于法律解释的信任。

二、设立负面清单的实践要求和调整范围

（一）实践要求

设立算法决策负面清单必须充分结合司法实践，平衡秩序与变革。[1] 自动化决策算法通常有技术性的风险保障措施，但算法安全必须基于预定义的监管框架。而算法之间的技术"战争"会阻碍相关技术的健康发展，破坏和谐社会秩序。因此，需要对算法运行的歧视性源代码规则进行事先筛查。

算法自动化决策在司法实务中的应用会带来一些弊端，其中之一就是可能被不法分子用以实施犯罪行为，因为数据是算法决策的依据。算法自动化决策技术在司法实务中的滥用可能会激起各类数据主体之间的矛盾。为了避免司法算法犯罪行为的出现，算法自动化决策的应用必须被限制在不会侵害公民基本权利的范围内，而算法决策的数据必须是依法从公民处收集而来的。负面清单的设立将有利于解决智慧法院建设中的数据合法收集问题。

---

[1] 马啸、狄小华：《人工智能背景下刑事错案悖论及消解》，载《湖湘论坛》2019 年第 2 期，第 37~48 页。

(二)调整范围

对算法自动化决策设置负面清单,可以避免由于技术缺陷而给司法实务所带来的技术风险。算法技术"黑箱"与司法公开的原则相矛盾,这正是在司法实务中设置算法负面清单设立的必要性所在。负面清单不仅要防止自动化决策算法因相关关系而非因果关系判断所导致的风险,还要规范作为决策依据的数据收集与运用。就上述问题的解决来看,应当从司法实践中提取一般司法逻辑,进而尝试将司法逻辑引入算法的决策逻辑,以此来规避相关关系判断所带来的不确定性问题。此外,还要避免虚假数据的输入,进而导致算法决策失误。对于法律数据而言,需要用计算机语言对现有法律术语进行整理和编译,建立统一的计算机算法决策数据库,为算法决策铺平数据道路。

算法自动化决策在司法实务中的滥用会使得司法机关丧失公信力,从而引发"塔西佗陷阱"。对此,一方面要完善立法和技术保护措施,构建算法自动化决策滥用的防火墙,保护算法数据库。另一方面,刑法作为最严厉的法律制裁手段,有必要介入算法自动化决策司法应用领域,进而给予犯罪分子以巨大心理震撼,促使其放弃对算法决策逻辑以及数据的污染,进而提高算法自动化决策结果的客观性和公正性。[1]

第五节 算法公开

算法自动化决策为人们所恐惧的重要原因就是算法不能为常人所理解,而对于一个正常人来讲,未知就往往意味着恐惧。对此,算法设计者、生产者或者运营者应当承担公开义务,公开相应自动化决策算法的算法逻辑,避免算法黑箱的情况出现。有学者通过实际调研发现,美国征信行业内所使用的自动化决策算法

---

[1] 参见梁成意、焦阳:《人工智能在司法实务中的技术风险与负面清单探析》,载《长春理工大学学报(社会科学版)》2021年第6期,第43~48页。

存在很严重的算法黑箱问题。因此，有关政府部门应当加强对该行业内自动化决策算法的透明度监管。具体的监管措施可以包括对算法自动化决策数据及算法源代码的监管，从而排除算法设计者将歧视带入算法并导致算法偏见的可能性。

算法自动化决策系统输入的原始数据与决策结果存在着很大的跳跃，致使常人难以理解其决策逻辑。从技术层面来看，这是由于算法决策是在对原始数据的特征分析上通过机器学习而产生的决策结果。而这正是常人所理解的"算法黑箱"。基于此，有学者从保护消费者知情权的角度出发，主张、呼吁算法透明来缓解人工智能具体应用领域中的信息不对称、防止人为不当干预、利益冲突、信息茧房以及算法歧视等风险。①

但是也有学者就算法公开的可行性问题进行质疑。

首先，在商业领域应用的自动化决策算法具有很高的商业价值，属于商事主体的私有财产，而且从保密角度来看，其可能还构成相关主体的商业秘密。其次，人们无法理解算法黑箱的原因在于信息技术高度发展时的复杂性，这加剧了自动化决策算法的不透明性。事实上，随着机器学习技术的不断成熟，算法对于决策数据特征的抽象能力不断加强，其可以通过深度学习技术不断地向决策目标靠近。然而，正是由于深度学习的介入，自动化决策算法才无法向决策相对人及公众提供决策的逻辑理由。②

第六节　确立反自动化决策权

从消费者的角度来看，仅仅通过算法公开来缓解信息不对称是远远不够的，如果消费者不能选择拒绝人工智能算法的自动化决策，其很可能会出于接受服务的考虑而被迫接受对自己不利的决策结果。

---

① 参见徐凤：《人工智能算法黑箱的法律规制——以智能投顾为例展开》，载《东方法学》2019 年第 6 期，第 80 页。

② 张凌寒：《风险防范下算法的监管路径研究》，载《交大法学》2018 年第 4 期，第 49~62 页。

一、反自动化决策权的内容

欧盟 2018 年正式实施的《通用数据保护条例》(GDPR)第 22 条是"反自动化决策权"的实定法渊源。根据该条的相关规定，可以推断出数据主体有权拒绝算法自动化决策对其的影响。同时，这也是 GDPR 在自动化决策算法风险规制上的独特贡献，创设了适应算法时代的新型权利，并借此平衡了数据主体与算法运营者之间的权利义务关系。

"反自动化决策权"是 GDPR 在算法风险规制方面所作出的巨大贡献，为世界范围内的算法法律规制事业提供了较好的参照方案。依据该权利，自动化决策算法运营者与决策相对人之间的权利义务关系得到了再平衡。

就 GDPR 第 22 条的具体规定来看，该条第 1 款规定属于设权规范，即赋予权利人拒绝接受算法自动化决策或者其他类似自动决策结果的权利。第 2 款明确了前款规定的例外情形，即对反自动化决策权的法定限制。第 3 款则又限制了前款所规定的例外情形，即当数据收集者和存储者以权利人同意或合同缔约或者履行需要作为对抗权利人反自动化决策权的抗辩事由时，需要规定其他补充性制度保障权利人合法权益，赋予其发表意见的权利。第 4 款主要是保护可识别自然人信息的数据。①

二、反自动化决策权的弊端

如果不对反自动化决策权进行法定限制，算法应用拒绝权将消解自动化决策算法应用的可能性。因为根据反自动化决策权，被决策相对人有权拒绝有关算法所作出的对其产生影响的决定。再加之受舆论的影响，出于对算法自动化决策的恐惧，人们会大规模地拒绝自动决策算法的应用，数据公司将彻底失去使用自动决策算法的可能。如此一来，算法将无法发挥促进社会和经济发展的

---

① 参见陈飚、裴亚楠：《算法决策风险防范的法制路径研究》，载《重庆邮电大学学报(社会科学版)》2021 年第 3 期，第 72~81 页。

作用。

关于算法自动化决策对经济社会的促进作用，欧盟部长委员会指出，算法自动化决策的应用使得相应的商业主体能够为消费者提供更为优质的服务，并且能够促使各经济部门的合理分工，其并非单纯有利于商事主体的技术，而是兼具经济效益和社会效益的。① 自动化决策算法降低企业成本的方式是将一定的工作自动化进而可以减少人力成本，基于消费者为企业运营成本买单的考量，企业成本的降低也会间接利好消费者。任由权利主体肆意行使反自动化决策权，将极限压缩算法自动化决策的使用空间，这在保护权利主体一定权益的同时却摧毁了算法自动化决策创造的新型商业运营方式的可能，阻碍了商业的进步。GDPR 第 22 条第 2 款的规定就充分体现了欧盟议会对于算法自动化决策必要性的考量。

固然，刑事诉讼领域中的算法自动化决策应用确实带来了一些不好的印象，例如卢米斯案。② 因此，在关涉当事人自由、生命的刑事案件当中，算法应用拒绝权的价值得到了充分彰显，但在商业环境下，毫无限制的算法应用拒绝权将可能导致很严重的副作用。

三、反自动化决策权的构建

(一)反自动化决策权的适用

反自动化决策权的对象为自动化决策算法，因此，这里的算法必须是实际决策者，即算法成为决策的唯一基础。此外，反自动化决策权所针对的算法决策后果需要达到严重影响的标准。

---

① Recommendation CM/Rec (2010) 13 of the Committee of Ministers to Member States on the Protection of Individuals with Regard to Automatic Processing of Personal Data in the Context of Profiling.

② 参见江溯：《自动化决策、刑事司法与算法规制——由卢米斯案引发的思考》，载《东方法学》2020 年第 3 期，第 77~78 页。

算法拒绝权适用的构成要件之一是数据主体遭受重大影响的不利法律后果。由此出发，可以总结出一些一般性标准来判断关联个体是否因为算法自动化决策而遭受重大影响的不利法律后果。首先，缔约失败应当认定为数据主体遭受了重大不利法律后果，即自动化决策算法的决策结果导致数据主体缔约失败。此外，由于继续性合同具有给付持续性的特征，如果此类合同的给付被中途终止，那么合同当事人的合同目的就无法得到实现，故当自动化决策算法成为了其终止原因时，应当认定其具有与算法决策导致缔约失败相同的法律效果。

最后，虽然数据主体依然可以完成缔约或者得到持续性的合同给付，但是相关的决策极大地干扰了数据主体的合同目的，这也会引起与上述两种标准相同的法律效果。在此类情形下，合同当事人往往需要接受不利条款来促成缔约，其合同自由受到了极大的限制。因此，此种情形亦属于使数据主体遭受了重大影响的不利法律后果。

(二)反自动化决策权的例外

反自动化决策权是基于防止算法滥用导致的对被决策相对人利益的损害而产生的，其可以起到防止个体成为计算机程序的客体的作用。但是任由绝对的反自动化决策权出现，会挤压自动化决策算法的应用和发展空间，同时也摧毁了未来商业模式诞生的可能性。因此，有必要设置反自动化决策权行使的例外情形。从GDPR 的实践来看，反自动化决策权的例外主要有三种情形：(1)算法结果对缔结或履行合同是必要的；(2)相关法律规定的例外情形；(3)数据主体已经明确同意自动决策算法的应用，即同意豁免规则。

(三)数据企业的告知义务

为了避免由于数据主体缺乏对反自动化决策权的了解而导致反自动化决策权制度规范目的落空，数据企业应当负有告知数据主体其所享有反自动化决策权的义务。此外，该义务属于规范性义务，相关企业无权拒绝履行。而且，相关的企业还应当主动告知数据主体，而不能依靠数据主体的相关告知申请。

第七节　引入风险评估机制

除了算法公开和赋予数据主体反自动化决策权，我国还需要建立完善的算法风险评估制度。这一方案的依据在于数据是算法运行的必要前提条件，没有数据的输入，自动化决策算法根本无从输出决策结果，尤其是对于需要依赖深度学习技术进行自我进化的自动化决策算法。此外，数据还直接影响着算法输出的决策结果质量。因此算法决策风险评估必须包括对数据质量的评估。在评估数据质量的过程中，既需要结合相关算法决策的具体应用场景综合判断，还要综合研判数据瑕疵对最终决策结果的影响，不能因为存在数据瑕疵就一概否定该数据的应用可能性，这涉及对比例原则的应用。

一、算法决策风险的具体评估标准

(1)除了对自动化决策算法设计本身的风险评估外，还需要考虑该算法对瑕疵数据的处理能力，即算法本身能否在运行中排除掉涉及数据主体隐私以及其他敏感信息的数据，进而降低数据质量瑕疵。

(2)在算法自动化决策风险的评估过程中要充分运用比例原则，比较特定算法在实际商业、司法、行政应用过程中可能产生的积极影响和不利影响。对于虽然有不利影响，但积极影响强烈的算法，不能因为其可能的不利影响而否定其应用。

(3)在自动化决策算法的选择上，应当充分贯彻必要性原则，在充分考虑技术不确定性和数据质量瑕疵的基础上，选择消极影响最小的算法，进而保证决策结果的稳定性。

在确立算法决策风险评估机制的情形下，某自动化决策算法必须完全符合上述三个判断标准才能被批准投入商业、司法、行政等实际应用场景中。

二、算法决策风险评估的实践

德国是最早开展算法风险评估机制的国家。德国《联邦数据保护法》对算法风险评估作出了相关规定。根据该法的规定，算法自动化决策运营者应当在企业内部设立个人数据保护顾问，该职位应当为常任，具体负责治理企业算法以及监管决策数据。此外，在企业外部，政府设立数据保护监管局为企业提供算法治理的辅助作用，这包括允许个人数据保护顾问在特定情况下向其求助。由此可见，德国在算法风险评估机制的构建上采取的是行业自律和政府监管的双轨制。这一架构的优势在于可以双管齐下，充分发挥行业内部监管资源和政府监管资源，政府介入也使得行业内部监管效率大大增加。

我国在构建算法风险评估机制时应当学习借鉴先行者德国的实践经验。在行业内部监管上，也可以设立类似个人数据保护顾问的常任职位。该职位应当具备一定的计算机技能，能够解读具有强技术性的算法，进而可以通过解读相关计算机代码指令序列来筛查相关算法中是否存在风险。除了专业知识，该职位人选还应当有较强的职业道德感，能够积极履行职业，承受企业内部高压，避免这一职位的设立流于形式。在企业外部，我国亦应设立专门的监管部门，辅助企业内部监管人员发挥作用。该政府监管部门的人员在计算机专业技能方面的要求应当与企业内部监管岗位的要求一致，如此才能有效监督企业内部监管人员的相关工作，也具备专业能力接受相关的情况报告。①

还有学者认为，我国应当突出公共事业场景这一应用特点，合理确定算法决策能够适用的场景。此外，要对自动化决策算法进行风险评级，而决定某种自动化决策算法是否能够适用某种场景的标准就应当是该算法的风险等级。

而对于我国算法影响评估领域的规则构建，应重点考虑以下几点建议：首先，我国算法影响评估制度的设计不可大而化之，而应当尽可能精细化具体制度

---

① 参见陈飚、裴亚楠：《算法决策风险防范的法制路径研究》，载《重庆邮电大学学报（社会科学版）》2021年第3期，第72~81页。

规则，细化各项算法风险评估指标。由此，各种自动化决策算法可以依据科学合理精细的评估指标得以合理差异化分类，并接受差异化的监管。其次，制度的生命在于执行。在构建算法影响评估领域规则的同时还应当同时构建相配套的执行程序及执行保障措施。最后，应当合理构建内外兼具且激励相容的协同评估机制。构建政府主导、行业参与、团体推动的内外兼具的多元化协同机制。该机制应当可以起到激励自动化决策算法设计者和运营者的作用，同时其也应该和其他领域的评估机制相兼容，例如知识产权领域。①

第八节　构建算法解释权制度

一、算法解释权概述

(一)算法解释权的含义

算法"解释权"是学者们在探索如何遏制算法权力过度膨胀而带来算法暴政时所提出来的权利构造，其内含于"个人数据保护权"。首先，算法解释权具有债权性质，即个人数据权利人可以依此请求作为义务人的自动化决策算法运营者为或者不为一定的行为，这里的请求内容主要是要求义务人对其自动化决策算法的决策逻辑进行解释。其适用背景往往是某项错误或者不当的算法自动化决策会对个人数据权利人产生重大法律影响。关于其请求权属性，有学者进一步分析为救济性请求权，系算法决策相对人的基础权利被侵害或有危险时，有权请求不法加害人为一定行为或给付。② 其次，算法解释权的行使主体是算法自动化决策的决策相对人。最后，在关于算法"解释权"制度的探讨中，解释对象以及什么样

---

① 参见张欣：《算法影响评估制度的构建机理与中国方案》，载《法商研究》2021年第2期，第102~115页。

② 参见李天助：《算法解释权检视——对属性、构造及本土化的再思》，载《贵州师范大学学报(社会科学版)》2021年第5期，第153页。

的解释才符合该制度的要求是两个基本问题。

（二）实定法中的算法解释权

Goodman 和 Flaxman 教授认为 2016 年欧盟通过的《一般数据保护条例》（GDPR）第 22 条以及前言第 71 段规定了自动化决策的算法解释规则。[1] 单纯从文义上来看，该条例并没有明确规定算法解释权。学者们之所以认为 GDPR 中规定了算法解释权通常是基于对该条例第 22 条以及序言中第 71 段表述的综合推断，即他们认为算法解释权属于第 22 条所称的为了保障公民数据权利的适当措施之一。但 Wachter 教授对此则认为真实情况并非如此，因为 GDPR 中许多有争议的问题被扔进了序言中，所以 Watcher 认为此前第 22 条的草稿是在有意忽略解释权。[2] 但是 Watcher 的论据显然与第 22 条"应当"的表述相矛盾。

把目光转向国内，我国亦未明确规定算法解释权，但是我国在《个人信息安全规范》中作了类似性质的规定，主要体现在该规范第 7 条第 10～11 款。该条规定赋予了作为自动化决策相对人的数据主体申诉权，并且要求算法运营方必须在一定期限内给予答复和解释。

二、设置算法解释权的必要性

国内学者关于在我国确立算法解释权（right to explain）的必要性尚有较大争议。反对学者认为，相较算法解释权的算法公开实际效果问题以及算法解释可行性问题，很多学者认为算法问责或许才是真正应当考虑的自动化决策算法规制工具。在我国，鉴于政府监管效率高的特点，应当构建以政府监管为中心的算法问责制度，运用行政权力督促自动化决策算法设计者和运营者树立算法风险意识，

---

[1]　Bryce Goodman & Seth Flaxman, *EU Regulations on Algorithmic Decision Making and "a Right to an Explanation*," 2016 ICML Workshop on Human Interpretability in ML (2016).

[2]　Sandra Wachter et al., *Why a Right to Explanation of Automated Decision-Making Does Not Exist in the General Data Protection Regulation*, International Data Privacy Law, Vol. 7, No. 2, 2017, pp. 76-99.

采取有效措施避免算法风险的实害化。因此，算法问责制度在全局性和灵活性上要远远优于算法解释权。① 此外，还有学者质疑 GDPR 中是否真的规定了算法解释权？该条例第 22 条是否能够作为解释权的法律规定渊源？还有学者提出在解释权被触发的时候，法律具有限制性。法律概念中有意义的解释不一定能够由机器学习的解释概念提供需要的信息，即"有关处理逻辑的有意义的信息"，因此在 GDPR 中寻求"解释权"的过程充其量可能会分散注意力，而在最糟糕的情况下则会滋生一种新的"透明度谬论"。②

　　支持算法解释权的学者认为，算法解释权可以缩小公民实然权利与应然权利之间的差距，并且具备传统权利的逻辑基础。具体而言，首先，算法解释权旨在矫正人工智能时代下日益扩大的信息不对称问题。它建立在平等主体假设和意思自治的基本原则之上，是一种针对算法决策不透明性所采取的事后补救措施。通过赋予公民算法解释权，可以使个人更好地理解影响其生活的算法决策过程，从而在受到不公正对待时拥有更强的抗辩能力。该权利不仅提高了算法的透明度，还在权利行使过程中提供了有效的监督和纠错机制，有助于实现更加平等和公正的权利保护。其次，算法解释权可以促进合同风险的合理分配，将风险再分配给强而智的算法开发者或使用者。最后，算法解释权是意思自治原则的应有内涵和必然推论。③ 还有学者认为，算法解释权可以增强算法的透明性，是一种备受关切的且有吸引力的算法自动化决策规制措施，因为它直观地向人们展示了其可以将算法的"黑匣子"打开以促进和加强算法问责制。④

---

　　① 参见李天助：《算法解释权检视——对属性、构造及本土化的再思》，载《贵州师范大学学报（社会科学版）》2021 年第 5 期，第 158 页。

　　② Edwards, Lilian, Michael Veale, *Slave to the Algorithm：Why a Right to an Explanation Is Probably not the Remedy You are Looking for*, Duke Law & Technology Review, Vol. 16, 2017-2018, p. 19.

　　③ 参见张凌寒：《商业自动化决策的算法解释权研究》，载《法律科学（西北政法大学学报）》2018 年第 3 期，第 69~71 页。

　　④ Lilian Edwards, Michael Veale, *Enslaving the Algorithm：From a "Right to an Explanation" to a "Right to Better Decisions"*？ IEEE Security & Privacy, Vol. 16, No. 3, 2018, p. 11.

三、设置算法解释权的可行性

虽然，人工智能技术发展迅速，自我学习能力、机器学习等动态算法极大地提高了算法解释的难度，使人们不禁开始担心算法解释权是否切实可行。但是人工智能巨头谷歌公司则用研究成果有力地证成了算法可解释性的技术可行性。[①]此外，针对算法本身源代码抽象、决策逻辑深奥的问题，有技术人员提出了可视化技术方案来具体描述算法决策，尤其是能够通过机器学习进行自动化决策的算法的决策原理和决策过程，这无疑是算法解释可行性在技术上的一大突破。[②]由此可以看出，虽然现有技术仍不能恰当地向常人用其可以理解的方式描述深度学习自动化决策算法的决策逻辑和决策过程，但是算法解释的技术前景是非常光明的，而且就目前的人工智能技术发展现状来看，算法解释并非完全没有技术可行性。以算法解释可行性来否定算法解释权制度的做法是不符合时代发展趋势的。

四、算法解释权的主体和客体

算法解释请求权主体通常为作为决策相对人的自然人，而义务主体则一般为"强而智"的算法运营企业、机构和组织。通常认为，该权利所指向的客体为算法运营企业、机构和组织向请求权人履行解释义务的行为。

（一）权利主体

算法解释权的权利主体依据不同的法律规定，定义并不完全一致。例如，按照欧盟法律的规定，权利主体为数据主体，即个人数据的所有者。而在美国《平等信用机会法》中，算法解释权的权利主体则是信贷行为中的消费者。有学者进一步提出，能够行使算法解释权的主体应当是那些通过自动化决策算法作出的决

---

① 参见解正山：《算法决策规制——以算法"解释权"为中心》，载《现代法学》2020 年第 1 期，第 190 页。

② Chris Olah et al., *The Building Blocks of Interpretability*, 2018, https：//distill. pub/2018/building-blocks/, last visited on Jan. 16, 2019.

策会对其产生直接影响的受众,即决策结果对其利益造成影响的主体。然而,关于"决策相对人"这一概念中的"相对"关系,仍需进一步理论探讨,以避免在权利主体认定上出现模糊问题。在实际的经济市场中,某企业或组织运营的自动化决策算法通常面向其所有消费者群体,这些群体广泛而多样。但当算法风险真正出现,并对决策相对人造成法律上的重大不利影响时,算法决策的影响范围就从普遍的消费者群体缩小到具体的个体或特定群体。因此,受到重大不利法律影响的个体或群体应被认定为该自动化决策算法的决策相对人,他们即是算法解释权的真正权利主体。这个明确的界定能够确保算法解释权得到合理行使,避免在权利主张中出现混淆与误用。

（二）义务主体

鉴于自然人通常不具有运营自动化决策算法的经济实力和经营能力,即使有部分自然人是作为算法决策过程中的参与者,但是其依然是因为身为某组织的员工而获得的参与机会,因此,算法解释权的义务主体基本不会是自然人,而应当是强而智的组织机构,如企业、国家机关等。此外,即使是特定的掌握自动化决策算法的自然人,他们所作出的决策结果也往往影响非常轻微,无法满足算法解释权的构成要件。由于自动化决策算法的运营主体和研发主体通常不是同一组织,因此,探究这两种主体是否是算法解释权的义务主体就十分必要。本书认为,算法研发主体的主营业务是设计生产算法,其与自动化决策算法在运营过程中生成的结果并无直接因果关系,因此通常不宜作为算法解释权的义务主体。然而,在特定情况下,鉴于算法设计者在算法技术掌握上的天然优势,其应当为算法运营方履行解释义务提供必要的帮助。

（三）客体

与一般民事请求权客体一样,算法解释权客体指向的是该权利所对应义务人的为或不为一定行为。算法解释行为是算法解释权构建的核心,数据权利人需要借此获取对算法决策逻辑的了解,而自动化决策算法运营者则需要完成解释行为而履行法定解释义务。以解释行为作为算法解释权的客体也符合其请求权的本质特征。因此，本书认为算法解释权的权利客体应为算法使用者的解释行为。

五、算法解释权制度的构建

（一）权利内容

算法解释权内容边界并非完全清晰，其取决于特定的自动化决策算法应用场景以及消费者与自动化决策算法运营者之间的信任关系。具体而言，在消费者对算法运营者极其缺乏信任时，算法解释权的介入能够帮助运营主体通过履行解释义务来重获消费者信任。此时，立法者不应当对消费者行使算法解释权附加前提条件。然而，如果某自动化决策算法应用的相关市场竞争秩序良好，且消费者对于相关运营主体具有较强信任，适当限制算法解释权的行使可以提高经济效率，同时也有利于巩固双方的信任。

（二）解释程度

由于自动化决策算法技术复杂性较强，因此自动化决策算法运营主体应当掌握算法决策运行机制，具备系统化解释能力。义务主体具备义务履行能力是确保算法解释权制度实效性的必要条件。[1] 对此，自动化决策算法企业需要完善内部管理制度，掌握自动化决策算法在本组织内的运行状况，以便在事后进行调查。同时，其也应当采取措施树立自身算法伦理和算法风险意识。

除了一般性的算法解释机制外，还应当根据自动化决策算法应用场景的不同以及对决策相对人的法律影响程度来进行具体情形下的算法解释。这就要求自动化决策算法运营方设定个案算法解释规则，积极开展自我规制，避免政府监管过多而出现的压制数据经济发展活力的情况出现。虽然我国政府在保障数字经济发

---

[1]　参见季卫东：《人工智能开发的理念、法律以及政策》，载《东方法学》2019 年第 5 期，第 4 页；衣俊霖：《数字孪生时代的法律与问责——通过技术标准透视算法黑箱》，载《东方法学》2021 年第 4 期，第 77 页。

展领域始终秉持宽容的态度，但是对于特定的涉及社会公共利益的自动化决策算法应用场景，仍应当施加强制性行政措施，要求算法企业必须作出解释。例如外卖场景中，外卖平台所使用的自动化决策算法所作出的决策结果将直接关系到外卖骑手的人身安全，又如自动驾驶汽车的自动化决策算法将直接关系到乘客的生命安全以及交通公共安全。在上述场景中，应当赋予权利人要求算法企业作出个别解释的权利。

（三）解释时间

在告知环节，可以要求或倡导企业在事前进行模糊性解释，即在算法开始运作之前向用户作出简单的说明。然而，由于算法可能会在运行中自我演化，并伴随不确定性问题，因此将算法的整体运行状况描绘清楚，有助于用户更好地理解算法的基本原理和运行方式，从而推动他们进行更有效的决策管理。这种告知并不需要涵盖算法的所有参数和细节。例如，在向网约车用户告知算法时，企业只需说明算法会将用户的一些私人信息(如性别、年龄、收入等)纳入考量，但不必详细解释这些参数如何在算法中相互作用或如何影响决策。采取这种简要描述的方式，不仅能够克服算法的复杂性和不确定性，还可以有效防止侵犯个人隐私或泄露商业秘密，减少企业的经营风险。这种简洁的解释方法能够在一定程度上消除用户的疑虑，并避免因过多公开信息而对企业产生负面影响。由于描述具有原则性特点，不涉及商业核心机密，能够防止别有用心者利用漏洞给企业带来损失。

（四）解释方式

自动化决策的解释方式应依据行业特征、机器运算能力、用户数量以及算法的影响程度来选择适合的解释方式。理论上，人工解释应当优先，因为专业的人工解释能够更好地建立用户与企业之间的信任关系，尤其对于那些可能对社会或个人产生重大影响的算法，人工解释作为兜底方式，可以帮助监管部门或消费者对算法进行监督。然而，对于不会造成重大影响但用户群体较大的算法，强制要求人工解释在操作上可能不切实际。如果强制要求企业提供人工解释，反而可能导致企业关闭解释通道，降低与用户的沟通效率。因此，应当允许企业在一般情况下采用自动化客服或机器自动化应答的方式进行解释。如果机器化解释能够得到合理应用，也能达到有效沟通与解答用户疑问的目的。通过这种灵活的解释方式，既能满足用户的需求，又能为企业减少不必要的负担，避免企业陷入不必要的运营压力。除此之外，还应当适当地鼓励作为算法主体的企业构建出一套人工与机器联合的混合性解释机制。一方面能够降低自动化决策遭遇的现实压力，另一方面还能助推算法解释权的顺利落地。①

第九节　限制数据资产的收集与使用

近年来，随着金融行业日渐繁荣，信息流动失去价值指引，价值观逐步瓦解的背景下，社会个体对于财产保护的需求关注度日渐增加，具体要求就具象化为了财富管理、隐私保护等事项，这也从侧面印证了在社会观念中，资产管理与信息安全保障的理解也在慢慢加深。由当下社会观念将"信息安全"与"资产管理"两项事项联系在一起之后，随着内外环境的不断良性演化，数据资产管理的诉求将集中体现，两种事项已接近完善，在完善的配套政策的支持下，数据资产的管理也开始朝着更加高质量的方向发展，进而推动着数据资产管理转型升级成为数据资产治理。升级为数据资产治理后也将会面临新的挑战，技术与制度两大难题的解决需求迫在眉睫，学术界为此情形合理前瞻性地提供了一些制度框架和理论铺垫，适逢《民法典》出台而结合全新规定作出解释乃可行之策。由此，"资产管理""信息安全"和特定的社会整体观念产生关联后而催生的诉求与更加完善的制度要求为个人信息的财产属性解释研究提供了现实基础。②

---

① 参见丁晓东：《基于信任的自动化决策：算法解释权的原理反思与制度重构》，载《中国法学》2022 年第 1 期。

② 参见张玉宏、秦志光、肖乐：《大数据算法的歧视本质》，载《自然辩证法研究》2017 年第 5 期，第 118 页。

在过去保守法律构架中，个人信息安全都是以隐私权或者法定人格权的形式，从权利人的角度出发，处理个人信息和数据资产的关系，从而实现保护目的，在此基础上，允许权利人通过个人信息授权合同的方式而产生的债的关系，并且以一些法律规范辅助。然而，这些解决形式在当下日趋复杂的数据利益网络中越来越难以适应。[1]

就人工智能算法风险而言，法律治理应当立足于算法运行机理上。机器学习的本质是算法和数据的利用。对数据活动不能站在用户立场上，只为了保护个人信息安全而保护，进行粗陋的限制，数据活动的本质是对数据的大规模收集、处理、报告甚至交易。[2]

规制算法风险的关键之一是对数据利用的法律治理。要合理限制算法决策主体在数据收集、个人隐私侵犯、机器自主获取数据来源以及用户操纵等方面的行为，以防止这些行为直接或间接侵犯用户权益。例如，若减少算法对敏感数据的收集量，虽然可能降低算法在运行过程中对数据的学习深度和对用户行为的精准操控，但可以有效减少隐私泄露的风险。

算法决策对人们生活的渗透深度以及对用户行为的精准操控，主要依赖于其所收集的数据的体量和质量。为预防算法风险，合理约束数据收集至关重要，具体体现在以下两方面：其一，降低数据收集的整体体量：通过减少不必要的数据收集，可以有效防范用户隐私被泄露的风险，减轻算法对个人信息的过度依赖。其二，强化数据收集的质量把控：加强对数据质量的审查，避免使用带有歧视性或偏见的数据，可以有效防止算法因偏见数据而产生歧视性决策。这不仅能提高算法的公平性，还能增强算法的社会责任感，减少对特定群体的负面影响。合理的数据收集约束不仅能够降低算法带来的隐私风险，还能在保护用户权益的同时提升算法的透明性和公正性。

---

[1] 参见龙卫球：《数据新型财产权构建及其体系研究》，载《政法论坛》2017 年第 4 期，第 65 页。

[2] 参见龙卫球：《数据新型财产权构建及其体系研究》，载《政法论坛》2017 年第 4 期，第 71 页。

一、敏感数据收集的合理限制

数据的内涵和表现形式在不断变化和扩展，以社交媒体为例，社交媒体具有数据体量大、更新速度快、形式多样、用户基数庞大以及语言表达方式丰富等特点。作为一个数据密集的平台，社交媒体已经成为企业利用个人数据进行算法决策的重要资源库。在这些数据富集地中，算法对数据的解构能力使得与个人隐私相关的敏感数据范畴持续扩大。例如，有科学研究表明，特定算法可以通过人工智能技术对社交媒体平台用户发布的图片进行分析，进而推断用户的特征信息，包括是否具有精神疾病倾向。更令人惊讶的是，这些算法通过机器学习所作出的分析结果，其精准度甚至与专业医生的诊断相当。这种情况说明，随着算法技术的发展，社交媒体平台不仅成为数据资源的集聚地，还对数据的解读能力达到了前所未有的高度。此类分析的广泛应用也凸显了对隐私保护和算法监管的迫切需求，尤其是在应对算法对个人敏感信息的挖掘和潜在的隐私侵犯时，监管措施的完善显得尤为重要。

此外，通过对互联网用户的计算机使用习惯分析也能获取许多关于被分析对象的个人信息。例如，通过分析计算机使用者的打字习惯可以推断其是否具有一定的神经系统变性疾病症状，如阿尔茨海默病等。从目前的个人信息保护实践来看，立法者在数据保护方面仍然局限于可以被用以确定某特定自然人身份的个人隐私信息，如公民姓名、社保号、信用卡号等。纵观目前各类执法活动，可以得出当下对于个人信息的保护范围只是囿于带有身份特征的信息以及相关联的交易活动的结论。在当下人工智能和社会生活紧密联系的时代，个体很难让自己完全处于数据真空的状态之中，非业内领域人士并不具备预测和感知个人隐私数据被算法使用的后果和形式，即便其具备了相关的专业视角，但考虑到生活的实际需要，也很难为了保护个人数据而拒绝使用网络。与此同时，一些私营企业可以通过非法购买健康隐私数据的方式获得潜在的交易对象信息进而推广业务，或者是借此来规避一些存在较高风险的用户以减少损失。在网络用户毫不知情的情况下，其个人信息就变成了算法决策的信息源。此举严重剥夺了个体接受分析和诊断的自主性权利，进而可能会面临相关的医疗信息保护的法律被架空的危险。用户在接受服务的同时就被迫接受信息泄露的风险和代价，失去了自主选择的权利。然而，用户作为信息网络的主体应该具有作出选择的权利，例如，可以通过增设选择的方式由用户自主决定对外公开的信息类型和范围以增加用户对于个人数据被收集和使用的自主选择权利。①

（一）中国法律规制

我国行政机关在敏感数据收集方面作出了多项回应，其中之一便是《信息安全技术公共及商用服务信息系统个人信息保护指南》。该《指南》由原国家质量监督检验检疫总局和国家标准化管理委员会联合发布。根据指南中的第 523 条规定，个人信息主体的同意是数据收集和处理活动开展的必要前提。然而，依据不同场景，同意方式可以是默示或明示。此外，另一个重要的行政回应是《电信和互联网用户个人信息保护规定》，该规定进一步加强了对数据收集和处理活动的监管。这些行政法规和指南表明，我国在面对数据隐私保护与敏感信息收集问题上，正在积极推进和完善法律框架，以确保在数据处理活动中保障个人隐私权和数据安全。

司法实践也不断尝试进行突破。《关于审理利用信息网络侵害人身权益民事纠纷案件适用法律若干问题的规定》是第一次重要突破。该司法解释由最高人民法院发布，其中第 12 条就信息网络领域个人信息侵权行为标准以及侵权除却事由作了具体规定。尤其是该条规定中关于侵权排除条件的规定，即"欠缺公开性"，其直接改变了个人信息绝对保护的现状，为数据企业提供了活动空间，有利于进一步释放数据经济发展活力。另一次重大突破是一起司法案例，即朱某与北京百度网讯科技公司隐私权纠纷案。② 在该案中，法院援引上述司法解释中的

---

① 参见张凌寒：《风险防范下算法的监管路径研究》，载《交大法学》2018 年第 4 期，第 49~62 页。

② 参见朱某与北京百度网讯科技公司隐私权纠纷上诉案，江苏省南京市中级人民法院（2014）宁民终字第 5028 号民事判决书。

"欠缺公开性"排除事由认定百度公司的行为并不构成侵权，这同时明确了数据收集者及处理者在现有法律规定框架内具有一定的收集和处理用户个人信息权限。按照《个人信息保护法》第 13 条的规定，数据收集者和使用者需要在收集和使用用户个人信息时征得用户同意。在本案中，百度公司所提供的《使用百度前必读》表明其已经向平台用户告知了其可能会收集和利用用户信息用以提供个性化推送服务等活动，而且用户也有权拒绝百度公司的收集和利用。这种做法并不违反《个人信息保护法》的有关规定，因此不构成侵权。而且，根据上文所提到的《信息安全技术公共及商用服务信息系统个人信息保护指南》第 523 条的规定，用户同意并不仅限于明示形式。

(二) 美国法律规制

美国采取了对个人信息分级保护的方式，将个人信息划分为敏感信息和一般信息，并对敏感信息采用更加严格的保护措施。对于某些需要特殊保护的敏感信息类型，美国联邦还在相关领域颁布了特别法以加强保护。例如，医疗领域有《健康保险可携性与责任法案》(HIPAA)，用于对健康数据进行更高层级的保护。在数据收集的告知环节，美国通常要求或鼓励企业在事前对用户进行模糊性的解释。这是因为算法具有自我演化的特性，带来了不确定性问题，要求企业将算法整体运行状况充分向公众描绘出来，以帮助消费者或用户更清晰地理解算法的基本运作方式。这样不仅能够增强用户对算法的信任感，也有助于推动个体进行更有效的决策管理活动。然而，在告知过程中，并不要求企业提供关于算法运作的所有细节。例如，在向网约车用户告知算法时，只需说明算法会将用户的私人信息(如性别、年龄、收入等)作为参数，而无须详细解释每个参数如何相互作用或对整个算法的影响。这种简要性描述能够避免算法不确定性带来的复杂性，同时有效防止侵犯个人隐私和泄露商业秘密，减轻企业运营风险。通过这种方式，既能消除用户的疑虑，又能保持对敏感信息的合理保护，不至于让企业在算法解释方面面临过多的负担。采取了这种解释方法，能够在很大程度上打消用户疑虑。再加上描述具有较为原则的特征，不会涉及更加深层次的商业秘密，因此不会被别有用心者钻空子给企业带来经营损失。①

二、歧视性数据资产的使用限制

数据之所以受到各界重视，是因为它不仅是当下社会生活相对客观的反映，也是面向未来进行决策的基础，其中也可能涵盖着社会的歧视倾向。算法决策是通过收集和分析历史数据进而预测未来走向，而在过去的数据之中存在的歧视会重复地被带入新一轮的数据分析，并且不断被巩固和加深，而这种错误的底层数据会进一步加深未来算法决策的错误，进而影响到数据预测的有效性和准确度。基于此，在建构数据资产的管理架构中，就应当重视数据质量对于算法决策的影响，减少因为歧视性数据导致的偏差和失误。为了修复普通市政道路坑洼的问题，2013 年，波士顿市政府利用新型计算机软件以及部分市民手机的传感功能来获取交通设施损坏情况，例如道路坑洼信息。最后统计出的结论却是，由于智能手机持有人数量在贫富地区不均，城市的富裕地区比贫穷地区的坑洞更多。同理，歧视性数据资产由于不同的客户群体利益，影响将更悬殊，如若将算法应用于关乎客户人身利益的场景，例如犯罪评估、信用贷款、雇佣评估等，则更应当注重数据资产的质量，在充分管控的前提下进行风险防范。具象化至实施方式，则应当建立数据评估、数据去噪筛查机制等，并克服数据复原的技术难题。②

实质上，大数据算法应当视为"群体评估群体价值"的表现。受社会属性掺杂的算法出现社会问题，为了修正歧视性，则应当由大数据公司承担明确和强化大数据算法的责任，并由司法机关和政府部门确保算法公平，从而兼顾效率和公平。大数据渗透在生活中的每个角落，应当尽早完善法律法规，构建确保用户权益的法律体系。③

---

① 参见龙卫球：《数据新型财产权构建及其体系研究》，载《政法论坛》2017 年第 4 期，第 64~65、68 页。

② 张凌寒：《风险防范下算法的监管路径研究》，载《交大法学》2018 年第 4 期，第 49~62 页。

③ 参见张玉宏、秦志光、肖乐：《大数据算法的歧视本质》，载《自然辩证法研究》2017 年第 5 期，第 85 页。

三、明确筛选训练数据的标准化制度

算法歧视产生的原因之一是常规算法中极端追求效率而忽略了少数样本。这种算法运用于现实社会将抹杀少数群体呼吁自身诉求的权利，招致恶劣的社会负面影响。为了解决这种现象，算法决策应当以多样性为立足点，在数据筛选的过程中纳入多样化数据，从而保障广大主体平等。

具体到实施步骤上，首先，对于少数群体应当制定更为精确的识别标准，以确保少数群体对于自身的诉求不会被忽略。其次，对于算法决策的设计人员和监督人员建立多样性机制，允许不同性别、种族间的差异，从而平衡由于单一设计人员而导致的算法偏见。最后，训练数据的内容应当将正相关算法结果和关联数据同时考虑入偏向性中，在纷繁芜杂的大数据时代，只采取正相关数据难以反映真实社会诉求。由此可得，法律应当对于算法决策程序构成进行精细规制，重视少数群体的权益，保障算法多样性，尽可能规避算法决策程序中可能存在的算法歧视。①

第十节　相关领域算法歧视规制

一、金融领域算法风险的规制

（一）金融领域应用算法技术风险

1. 算法专业化导致技术性风险

算法本身的缺陷会带来内部和外部两重技术性风险。内部风险是指由于编程错误、算法计算更新不当或算法系统故障等非客户因素，导致算法未能按照预期

---

① 参见张莉莉、朱子升：《算法歧视的法律规制：动因、路径和制度完善》，载《科技与法律（中英文）》2021年第2期，第15~21页。

的设定程序和方案为用户提供持续、稳定的网络服务。这类风险通常源于算法设计或运行中的技术问题，影响服务的质量和可靠性。另一方面，外部风险主要指算法因漏洞而面临的外部威胁，如黑客入侵、病毒攻击或系统网络故障等。这些风险不仅可能危及用户的数据安全，还可能导致系统瘫痪、数据泄露或其他安全事故。外部风险的复杂性和不可预见性，意味着算法的安全性必须依赖于严格的防护措施和不断更新的技术手段，以应对潜在的威胁和攻击。①

2. 算法认为可控性引发歧视性风险

算法的运行方式、数据采集、设计方向、结果统计等程序性设计都会潜在地受到开发者个人价值导向的影响，其在诞生之初对于个体的依赖性就意味着其难以避免的会带有个人色彩。

在算法开发过程中，开发者的固有思维往往会带有潜在的歧视性倾向，这种歧视性导向可能无意识地嵌入算法的设计和运算过程中。随着算法的不断迭代和运行，这种歧视性会被逐步强化，形成所谓的"自我实现的歧视性反馈循环"。这一现象在多个行业中有所体现，尤其在金融行业，技术手段可能被利用来插入不合理的算法机制，促使特定金融项目和产品获得不应有的优质评级，并优先推送给不知情的消费者。例如，2017 年 4 月，山西证监局在投资者风险提示中批评了"拿铁理财"和"理财魔方"等平台通过算法帮助基金进行违规销售引流。② 歧视性风险的另一面是由于输入了"歧视性数据"。如果原始数据本身带有歧视性特征，而这种数据没有从根源上得到修正，那么无论是通过自动化数据获取还是主动输入，相应的算法程序都会进一步加剧这种歧视。例如，*Nature* 杂志曾通过"BIBO"(Bias In, Bias Out)模型展示了大数据算法中的偏见问题，证实了原始数据的歧视性会持续输出类似的分析结果。美国金融公司 Zest 开发的 ZAML 人工智能信用评估平台正是一个典型案例。该平台并未基于用户的实际信用记录来评估

---

① 参见邓阳立：《社会治理视阈下的金融科技算法风险规制》，载《海南金融》2021 年第 1 期，第 62 页。

② 《智能投顾理财魔方、拿铁理财违规卖基金被证监会点名》，载搜狐网，https：//www.sohu.com/a/133977064_119038，2023 年 7 月 24 日访问。

其信用值，而是反其道而行，通过收集用户的网络记录作为信用判断标准。这种评估方式不仅忽视了用户的真实经济状况，还可能加剧对特定群体的歧视，使得算法生成的信用评级无法真正反映用户的真实信用状况，进而影响金融公平性。不仅如此，还通过用户在申请账户时填写的英文拼写来判断个体遵守规则的程度，这种极具主观色彩的歧视性特征导致一些语言不通的用户群体的信用利益受损。①

3. 算法运行的替代性导致安全性风险

在司法实践中，判断算法侵权是否成立的关键前提是确定被侵权人的权益受损与算法决策之间是否存在因果联系，同时还需明确侵权主体。在算法设计与使用相分离的情况下，算法的使用者往往是智能投顾机构，即与投资者签订委托代理合同的主体。此时，是否可以将责任追溯至外包机构的算法研发者仍存在不确定性。这种不确定性为算法侵权案件带来了复杂性。监管机构在识别金融投资行为内涵时，可能会面临一定的障碍，因为算法的设计与使用可能由不同的实体负责。此外，厘清侵权主体与相关法律关系的问题也存在挑战，尤其是在侵权行为涉及多个主体时，确定最终的责任归属将变得更加困难。这种法律责任的模糊性直接反映了算法使用中的安全性风险，并凸显了金融监管在这一领域面临的压力与复杂性。因此，如何有效区分算法研发者与算法使用者的责任，如何在复杂的合同关系中确定侵权主体，是未来法律和监管框架中亟待解决的重要问题。这不仅影响到侵权责任的认定，还可能对投资者保护与金融市场的健康发展产生深远影响。

(二) 规制途径

1. 揭开算法责任主体的面具

不管是现有法律，还是技术发展，人工智能还不具备成为民事主体的资质和

① 《人工智能为什么会存在"歧视"：可怕的大数据》，载百度网，https：//baijiahao. baidu. com/s？ id＝1596512626175672295&wfr＝spider&for＝pc，2023 年 8 月 11 日访问。

条件。如果算法决策可以有效运用到投资实践过程中，此时最终决策依旧会基于已有模型和产品关系的前提下来进行。站在现有法律的视角下而言，电子代理人和智慧金融的本质几乎一致，都是以长臂规则为前提而发生的。

一般而言，在智能金融业务的开展中，并不会与用户直接对接，而是能够利用算法间接与投资者联系，采集有效信息并作出回应。运营者应承担相关责任，同时还需要在制度方面灵活调整，以确保运营者能够实现预期的算法效果，而且还需要为运营者在结果纠正层面留有空间与机会。站在侵权责任法的内容上来看，算法开发人的责任范畴以算法输出、输入为主，即更多地偏向于优化和监管层面。而当其技术升级，且不在开发人设想范围内时，那么主要责任需要转移到运营方，此举能够更好地促进运营者合理、合法、合规的经营。

如果算法开发与实践分割之后，不仅需要运营者担责，开发人员同样如此，还需要更加注重自身的义务。比如智能投资，尽管算法开发人员在投资建议方面没有指明，但算法的参与，能够极大地提升决策的可行性与精准性。换个角度而言，开发人员只针对技术开发而负责，但此处的开发人员有两种角色，即负责程序的开发人员和负责金融模型的开发人员。就金融事业的整个架构来看，程序开发人员发挥技术支持的作用，其将金融模型转化为算法程序，位于基础性位置，只有故意或重大过失，才承担相应的侵权责任。算法程序的来源要素是金融模型的提供者，而金融模型中具体包括提供者对金融市场的分析、权衡、预判等，它和算法的最终结果有着直接关系。

2. 优化监管主体

2017 年 11 月，国务院成立金融稳定发展委员会，为规制主体优化提供了体制基础，目的是补齐金融监管短板，加强金融监管协调。[①] 首先，应明确金融稳定发展委员会的法定地位，明确其职权。其次，由金融稳定发展委员会统筹引导"一行两会"，形成统一的算法风险规制目标。最后，由金融稳定发展委员会统

---

① 《国务院金融稳定发展委员会成立并召开第一次会议》，载中国政府网，http://www.gov.cn/guowuyuan/2017-11/08/content_5238161.htm，2023 年 8 月 17 日访问。

筹各方主体，在协作联动的基础上设计风险规制标准。

同时，还需引导行业协会启动算法自我规制功能，引领企业应用算法风险自我规制功能，从而形成监管机构、行业协会和企业各司其职、合作共赢的多元化风险规制格局。① 监管主体应鼓励市场成立具有相应监管技术的科技公司，金融机构委托监管科技公司，对其算法合规性、稳定性、纠错性进行评估并发布"算法监管报告"。②

3. 制定金融领域科技算法规则

新加坡 MAS 的《FEAT 原则指引》提出了一系列企业"在提供金融产品和服务的决策中使用人工智能和数据分析时应普遍遵守的原则"③。我国香港地区《人工智能的高层次原则》中要求所有应用人工智能算法的金融科技企业遵循相应的监管规则。④ 据此，我国内地也应推出统一的金融领域科技算法风险监管规则，从而改变以往监管混乱、职责不清的情况。

4. 优化规则的门槛标准

传统以"资本"为标准的门槛模式难以反映算法的运营规模和影响范围。由于数据与算法决策密切相关，较之以"资本"为门槛的传统模式，"数据规模"作为"规制与否"的门槛标准更为科学。此外，数据规模标准也可防止过严的规则，扼制中小企业的生存空间。

5. 依托"快捷沙盒"制定算法测试制度

---

① 参见王怀勇：《金融科技的算法风险及其法律规制》，载《政法论丛》2021 年第 1 期，第 111 页。

② 参见邢会强：《人工智能时代的金融监管变革》，载《探索与争鸣》2018 年第 10 期，第 23 页。

③ Monetary Authority of Singapore, *Principle to Promote Fairness, Ethics, Accountability and Transparency (FEAT) in the Use of ArtificialIntelligence and Data Analytics in Singapore's Financial Sector*, https://www.mas.gov.sg/publications/monographs-or-information-paper/2018/feat, 2019-12-26.

④ Hong Kong Monetary Authority, *High-level Principles on Artificial Intelligence*, https://www.hkma.gov.hk/media/eng/doc/key-information/guidelines-and-circular/2019/20191101e1.pdf, 2019-11-01.

2019 年新加坡 MAS 发布《监管沙盒快速通道指引》，针对模式、功能等特征相似的金融科技产品或金融服务，按照预先制定的实验框架，对相关的产品或服务模拟真实市场环境下的效果，测试其潜在风险。① 快捷沙盒具有框架清晰、对象明确、审批迅速、实时监控等特点，其运行特点可以使金融科技公司以更少的时间、更低的成本创新其产品或服务，完善市场运营。由于快捷沙盒兼具了风险防范和产品服务创新功能，因此可以根据算法在金融领域的不同应用场景，制定算法快捷沙盒制度，分类别构建算法实验的申请条件、运行框架、快速审批、适用范围、算法决策等架构。②

二、算法与在雇佣关系中的法律规制

在部分研究人员的思想中提出，为了明确算法在雇佣关系下形成就业等级的法律规制，不仅要站在过程的视角下去分析，同时还需要将结果纳入分析范畴中。③ 根据算法的开发与应用，将过程与结果两个角度法律规制的重点手段总结成"联系与设计""预防与监管""举证与判定"。

(一)设计与协商

首先，在算法开发与应用过程中，雇佣单位应保障员工的个人数据隐私、劳动保障等基本权利，同时在算法开发和实际应用中应充分遵守雇佣协商的基本原则。在国内现行个人信息保护法当中第一次明确到，数据主体可以在法律保护与支持的前提下，要求以自动化形式形成的决策运营方给出具体的解释和说明。因此，雇佣单位需制定并遵守相关政策：信息通知政策与信息透明度政策。信息通

---

① Monetary Authority of Singapore, *Sandbox Express Guidelines*, https：//www. mas. gov. sg/-/media/MAS/Smart-Financial-Centre/Sandbox-Express/Sandbox-Express-Guidelines-7-Aug. pdf? la = en &hash = 34A6F1C3CCB27E2BB900D81F87A3A7FF44220D38，2019-08-07.

② 参见王怀勇：《金融科技的算法风险及其法律规制》，载《政法论丛》2021 年第 1 期，第 113 页。

③ 参见汤晓莹：《算法雇佣决策下隐蔽就业歧视的法律规制》，载《河南财经政法大学学报》2021 年第 6 期，第 75～84 页。

知政策包括数据采集与算法程序运用的通知。首先就前者来看，由于算法程序具备选人用人的条件，基于对员工个人数据的采集，雇佣单位在采集员工个人信息前应告知员工数据采集的类型、用途、保密措施；对于算法程序应用的通知，算法最终决策，将决定员工的劳动条件，因此雇佣单位应向员工说明：是否在雇佣决策中应用算法程序。但是，为了让数据的安全性得以保障，雇佣方要严格落实公开说明义务，要强化"比例原则"，也就是雇佣单位在为员工说明算法程序在决策中的具体机理时，对雇佣方实施公开说明义务的具体范畴予以明确。

此外，雇佣单位应赋予劳动者更多的权利，从严格意义上讲，这些权利本质上是法律赋予劳动者的。我国现行的个人信息保护法律中，以专章的形式对自然人在信息处理过程中的权利进行了详细规定，充分体现了法律对个人信息保护的高度重视。在这些规定中，前述的权利使得员工能够了解雇佣单位在数据采集过程中的范围，并且在发现数据问题或漏洞时，可以及时与雇佣单位联系，要求更正。这一机制有效减少了数据采集中的错误以及在算法应用中的偏差。此外，如果不支持或者不准许雇佣方将算法程序与用人决策的识别诉求相融合，此时只有一个理由，即"正当职业事由"，而这种做法就能够反映出产生问题后雇佣单位对于"直接歧视"或者"间接歧视"的"抗辩事由"。

最后，雇佣单位应确保员工能够有效参与算法决策的整个过程，以消除过去存在的"信息鸿沟"。具体而言，雇佣单位在使用技术手段对劳动者的个人信息进行采集和整理时，应基于算法程序作出合理的决策，从而对劳动环境等方面带来实质性改进。此外，雇佣单位应与工会进行集体协商，确保在获得工会同意的情况下实施相关决策。将"工会同意"代替"员工个人同意"的机制，可以避免员工在行使个人权利时因反对或不同意某些决策而导致劳动条件上的利益受损。

（二）预防与监管

雇佣单位应当坚持预防原则，在使用算法程序之前进行算法运行测试。最有效的做法是，在将算法程序作为识别人员信息的主要工具之前，首先对该程序的性能及其可能得出的结论展开测试，并对其是否侵犯员工合法权益进行评估。这不仅能够促使算法开发者在开发过程中更加谨慎负责，也能有效监管算法的开发和运行。算法运行测试应形成书面的算法运行测试报告，该报告应包含以下内容：(1)正当性解释：雇佣单位应说明将算法程序应用于用人决策中的正当理由，确保算法的使用符合公平原则；(2)风险评估：雇佣单位应评估算法在识别人员信息并做出决策后可能产生的影响及其发生的概率，以便提前应对潜在风险；(3)实际效果与就业歧视预测：还应对算法在用人决策中的实际效果进行评估，尤其是预测其可能引发的就业歧视问题，并明确此类决策的必要性和价值。通过这种全面的算法测试和评估，能够有效减少算法应用中的不确定性，避免因不当决策损害员工权益，并确保用人决策的公平与合法性。

此外，算法安全的监管也应受到重视，算法安全委员会作为专门机构能够在算法程序应用过程中发挥监督作用。该委员会可以对算法程序的应用进行全程监控，这对于减少信息差尤为重要。由于雇佣单位可能因涉及商业机密无法向员工完全公开算法相关信息，因此其对员工履行的信息披露义务往往是有限的。在这种情况下，可以要求雇佣单位向监管机构如算法安全委员会披露算法程序应用的具体信息，以确保透明性并防止雇佣单位对员工隐瞒真实情况。通过这种方式，既能维护雇佣单位的商业利益，又能增强员工对算法应用决策的信任，进一步保障员工权益，促进算法程序在用人决策中的公平与公正。

（三）举证与判定

我国应制定相关法律，扩大求职者的受保护范围，内容应包括：第一，当前劳动就业关系中，雇佣单位对从业者的歧视更加隐蔽，而国内人力资源市场需要引入西方"间接歧视"理论，为劳动者提供更加宽广的保护和支持，要尽可能消除在算法程序决策后所产生的就业歧视问题；其次，在后续立法层面，要丰富求职人员受保护特征的具体范畴，比如要将性别歧视、地域歧视等一并整合到保护特征范围内；再次，把求职人员平等就业权的各种意义划分为"劳动争议"下的"特殊侵权行为"纠纷，然后对其实施统一的规制措施和手段；最后，要将精神赔偿与财产赔偿等纳入受害者赔偿范围中。对于雇佣单位主观故意造成就业歧视的，应要求雇佣单位对受害员工进行补偿，并对其进行惩罚。[①]

在雇佣单位侵权行为的核心要素层面，要积极借鉴西方学界主张的客观主义，不能将侵权活动中"主观故意"作为侵权行为的构成要件，以减轻员工的举证责任。在举证责任的分配上可以借鉴西方的思路，即员工提交能够证明雇佣方存在就业歧视的相关材料或证明，然后再对其论证和推导，最后雇佣方需要提供合理的"抗辩事由"，并提交相关材料与证明，证明自己的行为并没有存在就业歧视的倾向。

三、行政机关算法应用决策风险规制

(一)依据政务公开原则提高算法应用决策透明度

我国法律对行政活动应用算法程序作出了一定调整，但在某些领域仍需坚持政务公开的基准。首先，强化算法程序在实践后的易见性，这是目前政务公开的前提和基础。行政机关要积极地应用算法程序，不能只将其作用局限在辅助办公层面，而且需要对外公示政府应用算法程序的具体内容，让社会群众能够清楚地知道哪些行政行为有算法应用决策的参与，明确应用算法程序会对自己产生哪些影响。

其次，需要将算法决策的具体机制和相关原则对外公示，行政机关具有信息公开的义务。行政机关应用算法程序进行算法决策也应受行政法的拘束。这是因为各种算法程序模型，设备运行，智能设备的配置、启用及运行方式，均由行政机关主导，具有相应的法律效力，性质上仍为具体行政行为。

再次，要在数据信息采集环节同样秉持行政公开原则。行政机关具有收集公民大数据信息的便利条件，在实现公共利益的目的下，可以不事先征得公民的同意，同时可以要求私营企业提供相关数据信息。此时，公民对行政机关的行为并

---

① 参见刘友华：《算法偏见及其规制路径研究》，载《法学杂志》2019 年第 6 期，第 55～66 页。

不知晓，行政机关运行算法程序进行哪些算法决策公民无从所知。我国《数据安全法》第 38 条之规定，行政机关在信息提取和采集行为上，需要基于"合法、正当、必要"的原则进行。站在信息采集行为的性质层面来看，行政机关在采集个人信息时，属于内部工作程序之一，且只能以后续行为的前置活动而存在。不过行政机关对公民信息的采集，必须遵守相关原则和相关法律。

复次，尽管行政机关在实现公共利益的目的下，可以不事先征得公民的同意，但在第三方平台进行个人信息的采集过程中，需要向群众进行必要的安全提示。当行政机关在以平台数据为基准而进行智能决策时，对公民可能产生负面影响，应要求平台在数据采集时告示采集对象。

最后，应注意商业秘密保护和行政公开之间的平衡。应在妥善处理企业商业秘密保护与算法程序应用决策模型公开中形成冲突，使程序的作用机理更加透明。一般而言，大部分企业不愿意将其公开，且会以"保护商业秘密"作为抗辩事由。算法程序应用决策模型对公民具有普适性，本质是一般规则。对上述规章的知情权是公民的基本权利之一，这项基本权利由我国宪法规定。相对商业秘密保护，知情权的价值位阶更高。当前有学者对算法公开一事产生了分析，因为此举有着多元化、对象不确定等特征。在行政行为中需要公布行政决策自动化比例以及算法决策要素，即以法律层面的内容居多，而不是将其技术核心对外公示。反之，如果算法程序应用决策在行政活动中缺少信息公开，就会降低政府在民众中的公信力，缺少群众反馈渠道反而会降低行政效率。行政公开还应包括算法程序应用决策在行政活动中的参与程度。对于不同的行政活动，算法程序在应用行政决策的参与度不同。有些算法可以直接作用于行政决策，而有的则需要人工进一步确认。

(二)公民参与度对算法评估的影响

在行政机关的行政活动中，公民的参与度关系着公民的自身权益，所以需要以加强公民陈述和拓宽申辩权利为基准，对当下的算法治理流程进一步规范。

1. 通过算法影响评估保障公民参与度

公民参与度代表的是算法程序在行政活动中的应用程度，作用于公民之前，民众可以在法律支持下，事先了解参与决策之后可能产生的作用或影响。以算法评估内容为标准，行政机关可在算法程序应用决策前，邀请公民代表、算法开发者和决策者共同参与算法影响评估。

2. 将通知与申辩环节作为算法决策生效的必经程序

首先，在行政活动中应避免算法程序的全自动运行决策，确保算法自动化决策的透明性和公正性。为此，必须确保民众能够收到算法自动化决策的有效通知，并赋予其申辩的机会。通知与申辩环节应成为算法决策生效的必经程序，以保障个体在算法决策过程中有充分的知情权和参与权。这样可以避免算法决策过程中的不透明和潜在的偏差，确保行政决策的合法性和正当性。

此外，要让民众具备充足的申辩权利和陈述权利，尽可能使其参与算法决策的权利能够得到保障。

3. 建立算法解释权

（1）说明具体行政行为的理由。因为算法程序应用决策经常以智能辅助系统的形式参与行政决策，类比学术论证制度，算法程序应用决策也要建立相应的学术解释制度来保证行政决策的科学性。缺乏对民众不利情况的说明，导致程序性权利受到损害，也会使得民众不知情，从而无法获得行政法救济。

（2）行政行为算法解释的内容和标准。行政行为的理由公开不仅包含民众知情，还包括救济途径。也就是说，理由说明不仅让民众了解行政决策是如何作出的，还应列举民众可以优化算法程序应用决策的方法。一般而言，行政决策理由、动机和结果等信息都能够用于解释算法程序的具体应用说明。

行政机关公开的算法解释应遵循：第一，算法解释的客体完整性；第二，行政机关具体的行政活动通过算法决策的可行性；第三，解释语言通俗易懂，以书面形式作出。

四、刑事司法领域算法程序应用决策风险的规制

(一)在刑事司法实践中运用算法决策应遵循技术赋权理念

技术赋权理念即为科技行业提倡的以人为本、为人民谋福祉,与刑事司法追求的人权保障相互结合,可以使科技与刑事司法有效联结。再者,技术赋权理念具有现实操作性,要站在司法程序的视角下,与产业发展目标相互驱动和趋同,把刑事司法保障人权的理念与科技行业以人为本、为人民谋福祉的理念相结合,两种理念的融合,成为信息化时代刑事司法领域算法决策的保障。

(二)引入技术正当程序理论

技术正当程序要求具备合法、可视、有效、可追溯等相关要素,目的是打破传统程序对当代司法实践所产生的束缚和干扰。而此程序会将原先理论中涉及的公开性、独立性要素等产生的风险予以消除,并利用问责机制以及数据公开制度的完善等,使其与传统正当程序理论形成互补,实现信息时代公平正义的目标。

技术正当程序体现在司法信息公开、算法公开、算法决策可说明理由、相关决策可追溯问责方面。信息公开包含相关司法数据公开,对应的是算法程序公开;算法决策可解释要求算法开发者对程序运行的合法合规性、运行依据、运行目的进行解释,并由相关检测机构进行校验审核。

(三)司法实践中人工智能的应用

在司法实践中,人工智能可以应用于处理重复性的工作,从而减轻司法工作人员的负担,并激发司法人员的创造力。然而,在人工智能应用于司法活动的过程中,必须建立负面清单,以明确刑事司法的目的与人工智能当前的技术水平,为人工智能在司法领域的应用设定必要的限制。对于那些可能导致当事人权利减损或具有不可控的司法风险的人工智能的应用,必须纳入负面清单。这有助于确保人工智能的应用不会对案件的公平性、当事人的合法权益以及司法过程的完

整性造成不利影响，进而保障司法活动的安全和公正。

（四）完善审核和责任追究机制

在司法实践中应用人工智能，要建立差异化审核机制，权衡各方需求，保证刑事司法正义、保障公民的基本权利；要借助差异化规制手段来促进刑事司法人工智能的实践，然后还需要围绕职能决策程序，设立对应的认证体系和审核体系，要强化事前审查的意义，并以此为基础，作出是否审核通过的最终决策；完善增效提质的应用实践以及强化服务效果的诉讼实践系统，最好对其实施备案制，以降低对这些系统实践的要求。

对责任问责机制而言，需要站在当事人具体情况的视角下，采用差异化规制手段，对其研发、应用主体等进行相应的处理。在受害人的权益受到影响后，可采用违法技术正当程序作为理由，试图通过司法路径予以解决，而司法部门也需要积极受理，并采取相应的救济措施。

参 考 文 献

一、专著

[1] 韩世远：《合同法总论》，法律出版社 2011 年版。

[2] 王伯琦：《民法债编总论》，台北"国立"编译馆 1956 年版。

[3] 王泽鉴：《民法思维：请求权基础理论体系》，北京大学出版社 2009 年版。

[4] 王泽鉴：《侵权行为》，北京大学出版社 2016 年版。

[5] 袁庆明主编：《新制度经济学》，复旦大学出版社 2019 年版。

[6] 张文显主编：《马克思主义法理学——理论、方法和前沿》，高等教育出版社 2003 年版。

[7] 最高人民法院民事审判第二庭：《商事审判指导与参考》（总第 26 辑），人民法院出版社 2011 年版。

[8] 季卫东、程金华：《风险法学的探索——聚焦问责的互动关系》，上海三联书店 2018 年版。

[9] 高奇琦：《人工智能：驯服赛维坦》，上海交通大学出版社 2018 年版。

[10] 冯子轩主编：《人工智能与法律》，法律出版社 2020 年版。

[11] 韩旭至、李辉等：《人工智能与法律的对话 2》，上海人民出版社 2020 年版。

[12] 刘刚：《风险规制：德国的理论与实践》，法律出版社 2012 年版。

[13] 莫于川：《行政指导与建设服务型政府：中国的行政指导理论发展与实践探索》，中国人民大学出版社 2015 年版。

[14] 张凌寒：《权力之治：人工智能时代的算法规制》，上海人民出版社 2021 年版。

[15][德]乌尔里希·贝克:《风险社会:新的现代性之路》,张文杰、何博闻译,译林出版社2018年版,第63页。

[16][美]黛安娜·马尔卡希:《零工经济》,陈桂芳译,中信出版社2017年版。

[17][美]文森特·R.约翰逊:《美国侵权法(第五版)》,赵秀文等译,中国人民大学出版社2017年版。

[18][日]星野英一:《私法中的人》,王闻译,中国法制出版社2004年版。

[19][澳]彼得·凯恩:《侵权法解剖》,汪志刚译,北京大学出版社2010年版。

[20][德]卡尔·拉伦茨:《德国民法通论(上册)》,王晓晔等译,法律出版社2003年版。

[21][美]奥利弗·温德尔·霍姆斯:《普通法》,明辉译,北京大学出版社2023年版。

[22][美]卡多佐:《司法过程的性质》,商务印书馆2013年版。

[23][美]卢克·多梅尔:《算法时代:新经济的新引擎》,胡小锐等译,中信出版社2016年版。

[24][美]迈克尔·帕特里克·林奇:《失控的真相——为什么你知道得很多,智慧却很少》,赵亚男译,电子工业出版社2017年版。

[25][美]诺内特、塞尔兹尼克:《转变中的法律与社会》,张志铭译,中国政法大学出版社2004年版。

[26][美]凯西·奥尼尔:《算法霸权——数学杀伤性武器的威胁》,马青玲译,中信出版社2018年版。

[27][美]凯斯·R.桑斯坦:《信息乌托邦》,毕竟悦译,法律出版社2008年版。

[28]弗吉尼亚·尤班克斯:《自动不平等:高科技如何锁定、管制和惩罚穷人》,李明倩译,商务印书馆2021年版。

[29][澳]柯武刚、[德]史漫飞、[美]贝彼得:《制度经济学:财产、竞争和政策》(第2版),商务印书馆2018年版。

[30][英]洛克:《政府论》(下篇),叶启芳、瞿菊农译,商务印书馆1964年版。

[31][英]克里斯蒂安·福克斯:《数字劳动与卡尔·马克思》,周延云译,人民

出版社 2020 年版。

[32][美]劳伦斯·莱斯格:《网络自由与法律》,刘静怡译,商周出版社 2002 年版。

[33][美]安德鲁·罗曼·韦尔斯、凯茜·威廉斯·江:《数据变现:构建用数据驱动增长的策略和解决方案》,机械工业出版社 2020 年版。

[34]张欣:《人工智能时代的算法治理:机制与方案》,法律出版社 2022 年版。

二、期刊论文

[1]陈风润:《算法规制的法律困境与消解路径》,载《学习与实践》2022 年第 12期。

[2]陈林林、严书元:《论个人信息保护立法中的平等原则》,载《华东政法大学学报》2021 年第 5 期。

[3]陈明:《技术哲学视角下算法推荐技术的异化研究》,华东师范大学 2021 年硕士学位论文。

[4]陈伟光、袁静:《人工智能全球治理:基于治理主体、结构和机制的分析》,载《国际观察》2018 年第 4 期。

[5]陈星:《数字时代数据产权的理论证成与权利构造》,载《法商研究》2023 年第 6 期。

[6]陈禹衡、陈洪兵:《反思与完善:算法行政背景下健康码的适用风险探析》,载《电子政务》2020 年第 8 期。

[7]成协中:《科学理性导向下的行政正当程序》,载《华东政法大学学报》2013年第 5 期。

[8]程啸:《论数据权益》,载《国家检察官学院学报》2023 年第 5 期。

[9]程雪军:《金融科技公司算法风险的体系化治理:欧美比较治理视角》,载《经济社会体制比较》2023 年第 6 期。

[10]程雪军:《金融强国目标下数字金融平台算法黑箱的系统治理机制》,载《河海大学学报(哲学社会科学版)》2024 年第 2 期。

[11] 崔国斌：《论算法推荐的版权中立性》，载《当代法学》2024 年第 3 期。

[12] 单勇：《跨越"数字鸿沟"：技术治理的非均衡性社会参与应对》，载《中国特色社会主义研究》2019 年第 5 期。

[13] 丁晓东：《基于信任的自动化决策：算法解释权的原理反思与制度重构》，载《中国法学》2022 年第 1 期。

[14] 丁晓东：《论数据来源者权利》，载《比较法研究》2023 年第 3 期。

[15] 丁晓东：《论算法的法律规制》，载《中国社会科学》2020 年第 12 期。

[16] 丁晓东：《数据公平利用的法理反思与制度重构》，载《法学研究》2023 年第 2 期。

[17] 钭晓东：《论生成式人工智能的数据安全风险及回应型治理》，载《东方法学》2023 年第 5 期。

[18] 冯晓青：《数据产权法律构造论》，载《政法论丛》2024 年第 1 期。

[19] 冯子轩：《智能行政执法的过程机理及其冲突调适》，载《行政法学研究》2022 年第 6 期。

[20] 付新华：《企业数据财产权保护论批判——从数据财产权到数据使用权》，载《东方法学》2022 年第 2 期。

[21] 高富平：《数据生产理论——数据资源权利配置的基础理论》，载《交大法学》2019 年第 4 期。

[22] 高梦瑶：《自动化行政的法律风险及其规制研究》，河南大学 2022 年硕士学位论文。

[23] 高童非：《论自动化行政中的"算法卸责"》，载《电子政务》2023 年第 2 期。

[24] 高一飞：《数字时代的人权何以重要：论作为价值系统的数字人权》，载《现代法学》2022 年第 3 期。

[25] 关保英、汪骏良：《行政处罚中自动化方式适用的程序控制构建》，载《青海社会科学》2021 年第 6 期。

[26] 郭兵、李强、段旭良等：《个人数据银行——一种基于银行架构的个人大数据资产管理与增值服务的新模式》，载《计算机学报》2017 年第 1 期。

[27]国家发展和改革委员会：《加快构建中国特色数据基础制度体系，促进全体人民共享数字经济发展红利》，载《求是》2023年第1期。

[28]韩春晖：《美国人工智能的公法规制》，载《国外社会科学》2022年第2期。

[29]韩水法：《人工智能时代的人文主义》，载《中国社会科学》2019年第6期。

[30]韩文龙、刘璐：《数字劳动过程及其四种表现形式》，载《财经科学》2020年第1期。

[31]何晶晶、张心宇：《中国健康医疗数据跨境流动规制探析》，载《国际法研究》2022年第6期。

[32]何丽新、彭凯、刘静怡：《搜索引擎"算法侵权"的归责路径探析》，载《西北工业大学学报(社会科学版)》2020年第2期。

[33]侯东德、张可法：《算法自动化决策的属性、场域与风险规制》，载《学术研究》2022年第8期。

[34]胡瑾：《技术不确定性下算法推荐新闻的伦理风险及其法律规制》，载《重庆大学学报》2022年第3期。

[35]胡敏洁：《自动化行政的法律控制》，载《行政法学研究》2019年第2期。

[36]胡巧莉、刘征峰：《算法解释在民法中的体系定位与类型区分》，载《财经法学》2022年第4期。

[37]黄丽华、杜万里、吴蔽余：《基于数据要素流通价值链的数据产权结构性分置》，载《大数据》2023年第2期。

[38]黄尹旭、杨东：《"利益—权利"双元共生："数据要素×"的价值创造》，载《中国社会科学》2024年第2期。

[39]江利红：《行政过程论在中国行政法学中的导入及其课题》，载《政治与法律》2014年第2期。

[40]姜野、李拥军：《破解算法黑箱：算法解释权的功能证成与适用路径——以社会信用体系建设为场景》，载《福建师范大学学报(哲学社会科学版)》2019年第4期。

[41]姜野：《算法的规训与规训的算法：人工智能时代算法的法律规制》，载《河

北法学》2018 年第 12 期。

[42]金耀：《数据治理法律路径的反思与转进》，载《法律科学（西北政法大学学报）》2020 年第 2 期。

[43]金自宁：《风险规制与行政法治》，载《法制与社会发展》2012 年第 4 期。

[44]金自宁：《风险行政法研究的前提问题》，载《华东政法大学学报》2014 年第 1 期。

[45]孔德明：《数据财产权到访问权：欧盟数据设权立法转型解析》，载《比较法研究》2023 年第 6 期。

[46]匡文波：《智能算法推荐技术的逻辑理路、伦理问题及规制方略》，载《深圳大学学报》2021 年第 1 期。

[47]李剑、王轩、林秀芹：《数据访问和共享的规制路径研究——以欧盟〈数据法案（草案）〉为视角》，载《情报理论与实践》2022 年第 7 期。

[48]李龙飞、张国良：《算法时代"信息茧房"效应生成机理与治理路径——基于信息生态理论视角》，载《电子政务》2022 年第 9 期。

[49]李培林、崔岩：《我国 2008—2019 年间社会阶层结构的变化及其经济社会影响》，载《江苏社会科学》2020 年第 4 期。

[50]李文超、武一帆：《算法侵害行为的事前规制与侵权救济研究》，载《法律适用》2023 年第 3 期。

[51]李晓辉：《自动化决策拒绝权的属性、功能与限度》，载《法学》2024 年第 7 期。

[52]李晓磊、卢安文、欧阳日辉：《美欧数据要素市场治理模式比较与中国因应——基于全球数字经济战略博弈的视角考察》，载《重庆邮电大学学报（社会科学版）》2024 年第 2 期。

[53]李雨青：《人工智能风险治理政策比较——基于中国、美国、欧盟的政策文本》，华南理工大学 2021 年硕士学位论文。

[54]梁昕、刘天颖：《自动化行政裁量中算法风险感知的特征与演化研究——基于网络舆情的大数据分析》，载《公共行政评论》2024 年第 1 期。

[55]梁玉成、张咏雪：《算法治理、数据鸿沟与数据基础设施建设》，载《西安交通大学学报(社会科学版)》2022 年第 2 期。

[56]林洹民：《个人对抗商业自动决策算法的私权设计》，载《清华法学》2020 年第 4 期。

[57]林洹民：《〈个人信息保护法〉中的算法解释权：兼顾公私场景的区分规范策略》，载《法治研究》2022 年第 5 期。

[58]林洹民：《自动化决策算法的风险识别与区分规制》，载《比较法研究》2022 年第 2 期。

[59]林洹民：《自动决策算法的法律规制：以数据活动顾问为核心的二元监管路径》，载《法律科学(西北政法大学学报)》2019 年第 3 期。

[60]林洹民：《自动决策算法的风险识别与区分规制》，载《比较法研究》2022 年第 2 期。

[61]刘成、张丽：《"刷脸"治理的应用场景与风险防范》，载《学术交流》2021 年第 7 期。

[62]刘东亮：《技术性正当程序：人工智能时代程序法和算法的双重变奏》，载《比较法研究》2020 年第 5 期。

[63]刘佳明：《算法行政的私营化及其公法规制》，载《天津行政学院学报》2022 年第 5 期。

[64]刘佳：《算法推荐的风险分析与我国的规制路径》，载《中阿科技论坛》2022 年第 7 期。

[65]刘江川：《论我国算法自动化决策的法律规制》，山东大学 2020 年硕士学位论文。

[66]刘星：《行政裁量中的技术控制——基于政务服务应用场景的实践观察》，载《公共行政评论》2022 年第 1 期。

[67]刘颖：《数字社会中算法消费者的个人信息保护体系构建》，载《广东社会科学》2022 年第 1 期。

[68]卢超：《行政许可承诺制：程序再造与规制创新》，载《中国法学》2021 年第

6 期。

[69] 卢海君、徐朗、由理:《互联网平台算法推荐的法律规制》,载《中国出版》
2022 年第 13 期。

[70] 卢护锋:《公私合作中政府责任的行政法考察》,载《政治与法律》2016 年第
8 期。

[71] 陆凯:《美国算法治理政策与实施进路》,载《环球法律评论》2020 年第 3
期。

[72] 吕建驰:《机器学习算法在数据挖掘中的应用》,载《电子世界》2019 年第 13
期。

[73] 罗嘉豪、邢虹文:《算法推荐技术应用背景下的平台责任问题》,载《编辑学
刊》2023 年第 2 期。

[74] 马长山:《智慧社会背景下的"第四代人权"及其保障》,载《中国法学》2019
年第 5 期。

[75] 马颜昕:《自动化行政的分级与法律控制变革》,载《行政法学研究》2019 年
第 1 期。

[76] 马颜昕:《自动化行政方式下的行政处罚:挑战与回应》,载《政治与法律》
2020 年第 4 期。

[77] 茅铭晨:《从自定走向法定——我国〈行政处罚法〉修改背景下的非现场执法
程序立法研究》,载《政治与法律》2020 年第 6 期。

[78] 梅帅:《智能算法推荐的社会风险及其法律规制》,载《科学·经济·社会》
2022 年第 1 期。

[79] 梅夏英:《企业数据权益原论:从财产到控制》,载《中外法学》2021 年第 5
期。

[80] [美]卡里·科利亚尼斯、苏苗罕、王梦菲:《自动化国家的行政法》,载《法
治社会》2022 年第 1 期。

[81] 宁园:《从数据生产到数据流通:数据财产权益的双层配置方案》,载《法学
研究》2023 年第 3 期。

[82] 欧达婧：《"算法黑箱"与"算法公开"天然冲突的解决路径——以我国算法解释与算法备案的适用为中心》，载《南海法学》2023 年第 2 期。

[83] 潘香军：《论算法个性化推荐的规制——基于法学和传播学双重视角》，载《科技传播》2022 年第 17 期。

[84] 彭勃：《技术治理的限度及其转型：治理现代化的视角》，载《社会科学》2020 年第 5 期。

[85] 彭光明、季聪聪：《算法的风险及法律规制探析》，载《河北科技大学学报》2022 年第 4 期。

[86] 彭焕萍、陈瑶：《短视频推荐中的算法操控及其协同治理》，载《中国编辑》2023 年第 3 期。

[87] 渠敬东、周飞舟、应星：《从总体支配到技术治理——基于中国 30 年改革经验的社会学分析》，载《中国社会科学》2009 年第 6 期。

[88] 任颖：《算法规制的立法论研究》，载《政治与法律》2022 年第 9 期。

[89] 申晨：《论数据产权的构成要件——基于交易成本理论》，载《中外法学》2024 年第 2 期。

[90] 申卫星、李夏旭：《个人数据所有权的赋权逻辑与制度展开》，载《法学评论》2023 年第 5 期。

[91] 申卫星：《论数据产权制度的层级性："三三制"数据确权法》，载《中国法学》2023 年第 4 期。

[92] 申卫星：《数据产权：从两权分离到三权分置》，载《中国法律评论》2023 年第 6 期。

[93] 申卫星：《数据用益权》，载《中国社会科学》2020 年第 11 期。

[94] 沈斌：《论公共数据的认定标准与类型体系》，载《行政法学研究》2023 年第 4 期。

[95] 沈健州：《数据财产的权利架构与规则展开》，载《中国法学》2022 年第 4 期。

[96] 沈伟伟：《论数字紧急状态的恢复机制——以新冠疫情防控为例》，载《清华

法学》2021 年第 2 期。

[97] 沈伟伟：《算法透明原则的迷思——算法规制理论的批判》，载《环球法律评论》2019 年第 6 期。

[98] 史安斌、王沛楠：《作为社会抗争的假新闻——美国大选假新闻现象的阐绎路径与生成机制》，载《新闻记者》2017 年第 6 期。

[99] 宋华琳、孟李冕：《人工智能在行政治理中的作用及其法律控制》，载《湖南科技大学学报(社会科学版)》2018 年第 6 期。

[100] 宋黎磊、戴淑婷：《科技安全化与泛安全化：欧盟人工智能战略研究》，载《德国研究》2022 年第 4 期。

[101] 苏宇：《算法解释制度的体系化构建》，载《东方法学》2024 年第 1 期。

[102] 苏宇：《优化算法可解释性及透明度义务之诠释与展开》，载《法律科学》2022 年第 1 期。

[103] 孙建丽：《算法自动化决策风险的法律规制研究》，载《法治研究》2019 年第 4 期。

[104] 孙清白：《公共数据授权运营营利性与公益性的冲突及其制度协调》，载《行政法学研究》2024 年第 3 期。

[105] 孙清白：《人工智能算法的"公共性"应用风险及其二元规制》，载《行政法学研究》2020 年第 4 期。

[106] 孙雪玲、王黎黎：《算法推荐对用户权益的侵害与保护路径探究》，载《互联网天地》2023 年第 4 期。

[107] 孙逸啸：《算法媒体平台应用风险及其治理研究》，中南财经政法大学 2021 年博士学位论文。

[108] 孙莹：《企业数据确权与授权机制研究》，载《比较法研究》2023 年第 3 期。

[109] 孙远钊：《论数据相关的权利保护和问题——美国与欧盟相关规制的梳理与比较》，载《知识产权研究》2021 年第 1 期。

[110] 孙跃元、许建峰：《商业算法自动化决策的私权构建与实现》，载《中州学刊》2024 年第 2 期。

[111]谭儒烨、陈海明：《移动互联时代算法推荐的风险及化解策略分析》，载《科技传播》2022 年第 8 期。

[112]唐林垚：《〈个人信息保护法〉语境下"免受算法支配权"的实现路径与内涵辨析》，载《湖北社会科学》2021 年第 3 期。

[113]唐林垚：《共同富裕视野下算法决策的范式升维》，载《国家检察官学院学报》2022 年第 6 期。

[114]唐林垚：《"脱离算法自动化决策权"的虚幻承诺》，载《东方法学》2020 年第 6 期。

[115]田先红：《"数字避责"：重大突发公共事件中基层官员避责行为研究——基于多案例的综合分析》，载《广西师范大学学报(哲学社会科学版)》2022 年第 1 期。

[116]万勇：《人工智能时代的版权法通知——移除制度》，载《中外法学》2019 年第 5 期。

[117]汪庆华：《算法透明的多重维度和算法问责》，载《比较法研究》2020 年第 6 期。

[118]王东方：《商业自动化决策规制的私法困境及其完善路径》，载《中国流通经济》2022 年第 5 期。

[119]王贵松：《行政活动法律保留的结构变迁》，载《中国法学》2021 年第 1 期。

[120]王怀勇、邓若翰：《算法行政：现实挑战与法律应对》，载《行政法学研究》2022 年第 4 期。

[121]王利明、丁晓东：《数字时代民法的发展与完善》，载《华东政法大学学报》2023 年第 2 期。

[122]王利明：《论数据来源者权利》，载《法制与社会发展》2023 年第 6 期。

[123]王利明：《论数据权益：以"权利束"为视角》，载《政治与法律》2022 年第 7 期。

[124]王利明：《数据的民法保护》，载《数字法治》2023 年第 1 期。

[125]王禄生：《司法大数据与人工智能开发的技术障碍》，载《中国法律评论》

2018 年第 2 期。

[126] 王锡锌：《数治与法治：数字行政的法治约束》，载《中国人民大学学报》
2022 年第 6 期。

[127] 王叶刚：《个人信息处理者算法自动化决策致害的民事责任——以〈个人信息保护法〉第 24 条为中心》，载《中国人民大学学报》2022 年第 6 期。

[128] 王莹：《算法侵害类型化研究与法律应对——以〈个人信息保护法〉为基点的算法规制扩展构想》，载《法制与社会发展》2021 年第 6 期。

[129] 王莹：《算法侵害责任框架刍议》，载《中国法学》2022 年第 3 期。

[130] 王苑：《完全自动化决策拒绝权之正当性及其实现路径——以〈个人信息保护法〉第 24 条第 3 款为中心》，载《法学家》2022 年第 5 期。

[131] 王正鑫：《机器何以裁量：行政处罚裁量自动化及其风险控制》，载《行政法学研究》2022 年第 2 期。

[132] 王正鑫：《"立法性"算法权力的兴起与法律规制》，载《法制与社会发展》2023 年第 2 期。

[133] 魏斌：《智慧司法的法理反思与应对》，载《政治与法律》2021 年第 8 期。

[134] 魏远山：《算法透明的迷失与回归：功能定位与实现路径》，载《北方法学》2021 年第 1 期。

[135] 温昱：《算法权利的本质与出路——基于算法权利与个人信息权的理论分疏与功能暗合》，载《华中科技大学学报（社会科学版）》2022 年第 1 期。

[136] 吴鑫：《马克思主义视域下"技术封建主义"思潮批判》，载《社会主义研究》2023 年第 3 期。

[137] 吴奕浏、黎昊阳：《算法推荐背景下的平台责任研究》，载《中国信息化》2023 年第 4 期。

[138] 武腾：《数据资源的合理利用与财产构造》，载《清华法学》2023 年第 1 期。

[139] 夏梦颖：《算法推荐可能引致的公共风险及综合治理路径》，载《天府新论》2022 年第 2 期。

[140] 肖季业：《人工智能治理的行政法问题研究》，中南财经政法大学 2020 年

博士学位论文。

[141]肖旭、戚聿东：《产业数字化转型的价值维度与理论逻辑》，载《改革》2019年第8期。

[142]谢明睿、余凌云：《技术赋能交警非现场执法对行政程序的挑战及完善》，载《法学杂志》2021年第3期。

[143]谢永江、谢永兴、刘涛：《个性化推荐算法的法律规制风险》，载《北京科技大学学报(社会科学版)》2024年第1期。

[144]辛巧巧：《算法解释权质疑》，载《求是学刊》2021年第3期。

[145]徐冰妍、姜莹：《搜索引擎自动补足算法的侵权责任及其规制路径》，载《互联网天地》2022年第10期。

[146]许加彪、王军峰：《算法安全：伪舆论的隐形机制与风险治理》，载《现代传播》2022年第8期。

[147]许可、程华：《算法悖论与制度因应——基于用户算法应用感知的实证研究》，载《山东大学学报》2022年第6期。

[148]许可、刘畅：《论算法备案制度》，载《人工智能》2022年第1期。

[149]许可：《算法规制体系的中国建构与理论反思》，载《法律科学》2022年第1期。

[150]许可：《驯服算法：算法治理的历史展开与当代体系》，载《华东政法大学学报》2022年第1期。

[151]薛可、李亦飞：《智能传播时代下算法推荐的失控与重构》，载《上海交通大学学报》2023年第5期。

[152]闫海、王洋：《算法规制工具的功能悖论及其法治实现》，载《法治研究》2022年第2期。

[153]杨帆：《人脸识别技术在自动化行政处罚中的风险与边界》，载《天津行政学院学报》2023年第6期。

[154]杨会永、郑群辉：《自动化行政合法性审查机制的构建》，载《甘肃理论学刊》2023年第1期。

[155]杨继文：《算法证据：作为证据的算法及其适用规则前瞻》，载《地方立法研究》2022 年第 3 期。

[156]杨显滨、郭红伟：《搜索引擎侵权责任主体认定——以下拉提示词为视角》，载《学习与实践》2019 年第 8 期。

[157]杨莹莹：《算法透明的法律实现与限定——基于商业秘密保护的视角》，载《电子知识产权》2023 年第 11 期。

[158]杨志琼：《搜索引擎处理个人信息的法律风险及其应对》，载《法学论坛》2023 年第 6 期。

[159]姚佳：《论个人信息处理者的民事责任》，载《清华法学》2021 年第 3 期。

[160]姚佳：《数据权益的构造及其动态比较》，载《中国应用法学》2023 年第 3 期。

[161]叶敏：《论个人信息数据产权的合法取得与民事保护》，载《中国高校社会科学》2021 年第 6 期。

[162]易军：《民法公平原则新诠》，载《法学家》2012 年第 4 期。

[163]殷继国：《人工智能时代算法垄断行为的反垄断法规制》，载《比较法研究》2022 年第 5 期。

[164]游琳璐：《算法自动化决策歧视的法律规制研究》，中南财经政法大学 2022 年硕士学位论文。

[165]于海纯、陈润恺：《数据资源持有权的法律解释》，载《科技与法律（中英文）》2024 年第 2 期。

[166]于文轩：《大数据之殇：对人文、伦理和民主的挑战》，载《电子政务》2017 年第 11 期。

[167]于霄：《算法辅助决策中意思自治的重构》，载《东方法学》2022 年第 3 期。

[168]于一帆：《自动化行政中算法的可公开性及其范围》，载《行政法学研究》2024 年第 1 期。

[169]余成峰：《从马的法律到黑箱之法》，载《读书》2019 年第 3 期。

[170]余凌云：《数字时代行政审批变革及法律回应》，载《比较法研究》2023 年

第 5 期。

[171]袁雪石：《建构"互联网+"行政执法的新生态》，载《行政管理改革》2016 年第 3 期。

[172]查云飞：《人工智能时代全自动具体行政行为研究》，载《比较法研究》2018 年第 5 期。

[173]查云飞：《行政裁量自动化的学理基础与功能定位》，载《行政法学研究》2021 年第 3 期。

[174]展鹏贺：《数字化行政方式的权力正当性检视》，载《中国法学》2021 年第 3 期。

[175]张春美：《"聪明技术"如何"更聪明"——算法推荐的伦理与治理》，载《探索与争鸣》2022 年第 12 期。

[176]张恩典：《大数据时代的算法解释权：背景、逻辑与构造》，载《法学论坛》2019 年第 4 期。

[177]张惠彬、仲思睿：《数字经济时代算法推荐技术的应用风险与规范进路》，载《杭州师范大学学报》2022 年第 5 期。

[178]张吉豫：《构建多元共治的算法治理体系》，载《法律科学(西北政法大学学报)》2022 年第 1 期。

[179]张吉豫、汪赛飞：《数字向善原则下算法推荐服务提供者的著作权注意义务》，载《知识产权》2022 年第 11 期。

[180]张林：《智能算法推荐的意识形态风险及其治理》，载《探索》2021 年第 1 期。

[181]张凌寒：《商业自动化决策的算法解释权研究》，载《法律科学(西北政法大学学报)》2018 年第 3 期。

[182]张凌寒：《深度合成治理的逻辑更新与体系迭代——Chat GPT 等生成型人工智能治理的中国路径》，载《法律科学》2023 年第 3 期。

[183]张凌寒：《搜索引擎自动补足算法的损害及规制》，载《华东政法大学学报》2019 年第 6 期。

[184] 张凌寒：《算法规制的迭代与革新》，载《法学论坛》2019 年第 2 期。

[185] 张凌寒：《算法权力的兴起、异化及法律规制》，载《法商研究》2019 年第 4 期。

[186] 张凌寒：《算法自动化决策与行政正当程序制度的冲突与调和》，载《东方法学》2020 年第 6 期。

[187] 张凌寒：《专题导读：数据权力的扩张与规制》，载《交大法学》2022 年第 2 期。

[188] 张素华、王年：《"三权分置"路径下数据产权客体的类型谱系》，载《法治研究》2024 年第 2 期。

[189] 张素华、王年：《数据产权"双阶二元结构"的证成与建构》，载《中国法律评论》2023 年第 6 期。

[190] 张涛：《自动化行政对行政程序的挑战及其制度因应》，载《华中科技大学学报（社会科学版）》2022 年第 5 期。

[191] 张文显：《构建智能社会的法律秩序》，载《东方法学》2020 年第 5 期。

[192] 张霄霖：《网络平台算法权力的法律规制研究》，辽宁大学 2023 年硕士学位论文。

[193] 张欣：《免受自动化决策约束权的制度逻辑与本土构建》，载《华东政法大学学报》2021 年第 5 期。

[194] 张欣：《算法行政的架构原理、本质特征与法治化路径：兼论〈个人信息保护法（草案）〉》，载《经贸法律评论》2021 年第 1 期。

[195] 张欣：《算法影响评估制度的构建机理与中国方案》，载《法商研究》2021 年第 2 期。

[196] 张新宝：《产权结构性分置下的数据权利配置》，载《环球法律评论》2023 年第 4 期。

[197] 张新宝：《论作为新型财产权的数据财产权》，载《中国社会科学》2023 年第 4 期。

[198] 张奕欣、王一楠、陈继鑫：《从数据跨境流动的域外规制看中国对策》，载

《重庆邮电大学学报(社会科学版)》2022 年第 2 期。

[199]赵宏：《公共决策适用算法技术的规范分析与实体边界》，载《比较法研究》2023 年第 2 期。

[200]赵磊：《数据产权类型化的法律意义》，载《中国政法大学学报》2021 年第 3 期。

[201]赵鹏：《搜索引擎对信息传播的影响及其法律规制》，载《比较法研究》2018 年第 4 期。

[202]赵鹏、张硕：《论自动化行政决定的说明义务》，载《山西大学学报(哲学社会科学版)》2024 年第 2 期。

[203]赵新洋：《大数据时代下我国的算法法律规制路径研究》，内蒙古财经大学 2022 年硕士学位论文。

[204]郑驰：《算法推荐的权利风险及其治理》，载《大连海事大学学报》2022 年第 4 期。

[205]郑智航：《平衡论视角下个人免受自动化决策的法律保护》，载《政法论丛》2022 年第 4 期。

[206]郑智航：《人工智能算法的伦理危机与法律规制》，载《社会科学文摘》2022 年第 4 期。

[207]郑智航、徐昭曦：《大数据时代算法歧视的法律规制与司法审查——以美国法律实践为例》，载《比较法研究》2019 年第 4 期。

[208]钟晓雯：《从算法"黑箱"走向算法透明：基于"硬法—软法"的二元法治理模式》，载《中国海商法研究》2023 年第 4 期。

[209]周姹：《数据合规时代个性化推送行为的法律风险及其治理》，载《上海法学研究》集刊 2022 年第 20 卷——数据合规流通论坛文集。

[210]周文清：《过程论视野下自动化行政行为的司法审查——以道路交通非现场执法时空情境分析为视角》，载《行政法学研究》2022 年第 1 期。

[211]左卫民：《关于法律人工智能在中国运用前景的若干思考》，载《清华法学》2018 年第 2 期。

三、外文资料

[1] Edwards L, Veale M., *Enslaving the Algorithm: From a "Right to an Explanation" to a "Right to Better Decisions"?* IEEE Security & Privacy, Vol. 16, No. 3, 2018.

[2] Mökander J, Juneja P, Watson D S, et al., *The US Algorithmic Accountability Act of 2022 vs. The EU Artificial Intelligence Act: What Can They Learn from Each Other?* Minds and Machines, Vol. 32, No. 4, 2022.

[3] Hellman D., *Measuring Algorithmic Fairness*, Virginia Law Review, Vol. 106, No. 4, 2020.

[4] Goodman B, Flaxman S., *European Union Regulations on Algorithmic Decision-making and a "Right to Explanation"*, AI Magazine, Vol. 38, No. 3, 2017.

[5] de Laat P B., *Big Data and Algorithmic Decision-making: Can Transparency Restore Accountability?* Acm Sigcas Computers and Society, Vol. 47, No. 3, 2017.

[6] Giuffrida I., *Liability for AI Decision-making: Some Legal and Ethical Considerations*, Fordham L. Rev., Vol. 88, 2019.

[7] Hildebrandt M., *Algorithmic Regulation and the Rule of Law*, Philosophical Transactions of the Royal Society A: Mathematical, Physical and Engineering Sciences, Vol. 376, 2018.

[8] McCarthy J, Minsky M L, Rochester N, et al., *A proposal for the Dartmouth Summer Research Project on Artificial Intelligence, August 31, 1955*, AI Magazine, Vol. 4, 2006.

[9] Calo R., *Robotics and the Lessons of Cyberlaw*, Calif. L. Rev., Vol. 103, 2015.

[10] Kroll J A, Huey J, Barocas S, et al., *Accountable Algorithms*, Social Science Electronic Publishing, Vol. 165, No. 3, 2016.

[11] Skitka L J, Mosier K L, Burdick M., *Does Automation Bias Decision-making?* International Journal of Human-Computer Studies, Vol. 51, No. 5, 1999.

[12] Djeffal C., *Das Internet der Dinge und die Öffentliche Verwaltung-Auf dem Weg zum*

automatisierten Smart Government? Deutsches Verwaltungsblatt, Vol. 132, No. 13, 2017.

[13] Yu J, Liu Y, *Dimensionality Reduction and Visualization in Public Management Research from the Perspective of Algorithm Recommendation*, Wuhan Zhicheng Times Cultural Development Co., Ltd., *Proceedings of 6th International Conference on Computer Engineering*, Information Science & Application Technology (ICCIA 2023), 2023.

[14] Zhang Caixia, *On the Ethical Dilemma and Countermeasures of Algorithmic Recommended News*, 2022 3rd International Conference on Big Data and Social Sciences, 2022.

[15] Son Wha Chul, *Democracy in the Time of "Hyperlead": Knowledge Acquisition via Algorithmic Recommendation and Its Political Implication in Comparison with Orality, Literacy, and Hyperlink*, Philosophy & Technology, 2022.

[16] Xie Zhaohan, Yu Yining, Zhang Jing, Chen Mingliang, *The Searching Artificial Intelligence Consumers Show Less Aversion to Algorithm-recommended Search Product*, Psychology & Marketing, 2022.

[17] Albrecht Daniel, *The Internet Information Services Algorithm Recommendation Management (IISARM) Regulations in China*, Computer Law Review International, 2022.

[18] Ming Li, Yi Zhang, *Empirical Research on Usage Intentention and Behavior of "Toutiao" Users*, The 4th International Conference on Economy, Judicature, Administration and Humanitarian Projects (JAHP 2019), 2019.

[19] Katerina Demetzou, *Data Protection Impact Assessment: A Tool for Accountability and the Unclarified Concept of "High Risk" in the General Data Protection Regulation*, Computer Law & Amp; Security Review: The International Journal of Technology Law and Practice, 2019.

[20] Magdalena Kedzior, *GDPR and Beyond—A Year of Changes in the Data Protection*

Landscape of the Euro., Springer Journal, 2019.

[21] Sachin Banker, Salil Khetani, *cAlgorithm Overdependence: How the Use of Algorithmic Recommendation Systems Can Increase Risks to Consumer Well-Being*, Journal of Public Policy & Marketing, 2019.

[22] Diakopoulos N, Koliska M. *Algorithmic Transparency in the News Media*, Digital Journalism, 2017.

[23] Tutt A, *An FDA for Algorithms*, Administrative Law Review, 2017.

[24] Baumer E P, *Toward Human-centered Algorithm Design*, Big Data & Society, 2017.

[25] Diakopoulos N, *Algorithmic Transparency in the News Media*, Digital Journalism, 2017.

[26] Eli Pariser, *The Filter Bubble: What the Internet is Hiding From You*, Penguin Press, 2011.

[27] Reviglio U, Agosti C, *Thinking Outside the Black-Box: The Case for "Algorithmic Sovereignty" in Social Media*, SAGE Open, 2020.

[28] LOCKE J, *Two Treatises of Government*, The New English Library Limited, 1965.

[29] H. R. 4174-*Foundations for Evidence-Based Policymaking Act of* 2018, https://www.congress.gov/bill/115th-congress/house-bill/4174/text # toc-H8E449FBAE FA34E45A6F1F20EFB13ED95, 2024-02-19.

[30] Office of Management and Budget, *Managing Information as a Strategic Resource*, https://obamawhitehouse.archives.gov/sites/default/files/omb/assets/OMB/circulars/a130/a130revised.pdf, 2024-02-19.

[31] PARK G, *The Changing Wind of Data Privacy Law: A Comparative Study of the European Union's General Data Protection Regulation and the 2018 California Consumer Privacy Act*, UC Irvine Law Review, Vol. 4, 2020.

[32] WEI J, YI T, BOMMASANI R, et al., *Emergent Abilities of Large Language Models*, Transactions on Machine Learning Re-search, 2022(8): 1-30.

[33] PAUL K, *Solarwinds Hack Was Work of "at Least 1, 000 Engineers"*, Tech

Executives Tell Senate, *the Guardian*, https://www. theguardian. com/technology/ 2021/feb/23/solarwinds-hack-senate-hearing-microsoft,2024-02-19.

[34] CRAIN M, *The Limits of Transparency: Data Brokers and Commodification*, SAGE Publications,2018(1):88-104.

[35] European Commission, *Staff Working Document on the Free Flow of Data and Emerging Issues of the European Data Economy*, https://digital-strategy. ec. europa. eu/en/library/staff-working-document-free-flow-data-and-emerging-issues-european-data-economy,2024-02-19.

[36] CAREY P, *Data Protection: A Practical Guide to UK and EU Law*, Oxford University Press,2018.

[37] BITTON M, *A New Outlook on the Economic Dimension of the Database Protection Debate IDEA*, The Journal of Law and Technology, Vol. 47,2006.

[38] WESTIN A, *Privacy and freedom*, The Bodley Head Limited, 1970.

[39] HENRY H, PERRITT J R, LAWRENCE L, *Code and Other Laws of Cyberspace*, Connecticut Law Review, Vol. 3,2000.

[40] LESSIG L, *Code*, Basic Books,2006.

[41] Max Planck Institute for Innovation and Competition, *Position Statement on the Commission's Proposal for a Regulation on Fair Access to and Use of Data* (Data Act), 2022.

[42] Simon Geiregat, *The Data Act: Start of a New Era for Data Ownership?*, https:// ssrn. com/abstract = 4214704 or http://dx. doi. org/10. 2139/ssrn. 4214704 (accessed June 26, 2024).

[43] Max Planck Institute for Innovation and Competition, *Position Statement on the Commission's Proposal for a Regulation on Fair Access to and Use of Data* (Data Act), 2022.

[44] Digital Labor, *The Internet as Playground and Factory*, Routledge Press,2013.

[45] Eric A, Posner & E, Glen Weyl, Radical Markets, *Uprooting Capitalism and*

Democracy for a Just Society, Princeton University Press,2018.

[46] Charles I, Jones & Christopher Tonetti, *Nonrivalry and the Economics of Data*, American Economic Review,Vol. 110,No. 9,2020.

[47] Lambert Grosskopf, *Rechte an Privat Erhobenen Geo-und Telemetriedaten*, IPRB 2011.

[48] European Commission, *Communication from the Commission to the European Parliament, the Council, the European Economic and Social Committee and the Committee of the Regions*, Building a European Data Economy, COM (2017), 2017.

[49] Josef Drexl et al., *Position Statement of the Max Planck Institute for Innovation and Competition of 26 April 2017 on the Europeann Commission's "Public consultation on Building the European Data Economy"*, Max Planck Institute for Innovation & Competition Researchh Paper,2017.

[50] Simon Geiregat, *The Data Act: Start of a New Era for Data Ownership?*, https://ssrn. com/abstract = 4214704 or http://dx. doi. org/10. 2139/ssrn. 4214704, accessed June 26, 2024.

[51] Michael Dorner, *Big Data und Dateneigentum*, CR 9/2014.

[52] James Grimmelmann & Christina Mulligan, *Data Property*, American University Law Review,Vol. 72,No. 3,2023.

[53] Podszun, Pfeifer, *Datenzugang Nach dem EU Data Act: Der Entwurf der Europäischen Kommission*, GRUR 2022.

[54] American Law Institute and European Law Institute, *ALI-ELI Principles for a Data Economy: Data Transactions and Data Rights*, ELII Final Council Draft by Neil Cohen and Christiane Wendehorst, 2017-2021.